En

Tuve el placer de conocer al Evangelista John Ramírez atravez de Félix Laos y María Stain, quienes atendían la Iglesia Time Square en Nueva York. Después de oír su increíble testimonio de liberación de veinticinco años de servir al Diablo bajo la religión de santería, espiritismo y Palo Mayombe. Tengo que decir que me impactó grandemente ver el asombroso poder de Dios en la vida de este hombre.

Habiendo yo como joven recibido liberación de las manos de Satanás a través del programa Teen Challenge en Puerto Rico, fui recordado una vez más de la gran misericordia de Dios para los pecadores y todo aquel que esta encadenado. Fue después de este encuentro que invité a John para que compartiera su testimonio en mí la Iglesia Pentecostal Jesucristo de Queens, Nueva York.

Fue en ese tiempo cuando John me informó que estaba escribiendo un libro sobre su testimonio. Le recomendé que lo escribiera también español. Ya que en la comunidad Latina muchos están encadenados en el ocultismo de espiritismo y santería. John y yo tenemos una pasión mutua, que es ver a las almas en libertadas.

Ha sido una bendición tener a John numerosas veces como invitado en Radio Visión Cristiana Internacional, de la cual soy Vice-Presidente. Su poderoso testimonio sigue sacudiendo las ondas de aire cuando los oyentes son liberados a través del conocimiento de la verdad detrás de lo oculto y Santería.

Siempre estoy bendecido de escuchar a John decir, como yo le recuerdo en la comunidad hispana, a su amado Pastor David Wilkerson entre los anglos.

Recomiendo este libro a toda persona que realmente quiera conocer la verdad y el increíble poder de Dios. Sin duda es una lectura necesaria para los tiempos en que vivimos hoy en día.

Dr. Kittim Silva
Obispo del Concilio Internacional de
Iglesias Pentecostales de Jesucristo.

Fuera del caldero del diablo es un libro que no sólo le da gloria a Dios, pero hace que el lector más consciente de los poderes de las tinieblas, que, por desgracia, muchos no conocen. Además, se pone de manifiesto el poder de Dios para transformar incluso el más desesperado de las almas, como fue el caso de la autora del libro, que estaba empapado en la santería y el ocultismo. Este libro ofrece esperanza a aquellos que piensan que han pecado demasiado para ser perdonados.

David Berkowitz
20 de agosto 2012

FUERA DEL CALDERO DEL DIABLO

Un viaje de las tinieblas a la luz

Santería
Espiritismo
Palo Mayombe

John Ramirez

Heaven & Earth media

a division of John Ramirez Ministries

A menos que se indique lo contrario, todas las citas Bíblicas son tomadas de la versión La Biblia de las Américas®, © 1986, 1995, 1997 por The Lockman Foundation. Usada con permiso. (www.LBLA.com)

Diseño de la cubierta:
Alexander Sarraga, asm@embarqmail.com

ISBN 978-0-9856043-1-8

Resumen: El testimonio de mi vida

Publicado por:
Heaven & Earth Media
una división de John Ramirez Ministries
New York, New York 10128

Impreso en los Estados Unidos de América

Contenidos

Agradecimientos

Soy siervo de Jesucristo, y por tanto, quiero expresar mi más sincero agradecimiento a las personas que me animaron a escribir mi testimonio y a publicarlo en forma de libro.

Antes que nada, quiero darle las gracias a mi Señor Jesucristo. ¡A Él sea toda la gloria, todo el honor y toda la alabanza! Sin Él, este libro no se habría hecho realidad.

A mi pastor, David Wilkerson, de la Iglesia Times Square. Agradezco a Jesucristo las muchas veces que tuve el placer de acompañarlo a casa, y las muchas palabras de sabiduría que usted compartió conmigo durante esos paseos. Realmente tuvieron un gran impacto en mí. A lo largo de mi vida he tenido dos experiencias que me han llegado al alma de una manera especial. La primera fue mi encuentro con Cristo, y la segunda, una conversación con usted. Una noche lo acompañé a casa después del servicio. Al llegar, usted podía haber dicho muchas cosas, pero lo que dijo fue: —Veo a Cristo en ti. Gracias, Pastor, por esas palabras, que me animaron aun más a contarle al mundo lo que Dios había hecho en mi vida.

A mi iglesia local, la Iglesia Times Square de la ciudad de Nueva York, donde la sólida predicación y la enseñanza de la Palabra de Dios me sostuvieron en mis momentos de necesidad. Mi sincero agradecimiento al Pastor Carter Conlon, pastor titular. Gracias, Pastor Carter, por compartir su pasaje preferido de la Escritura conmigo, que yo hice mío también: Salmo 112. Me bendijo enormemente. Usted me dijo que iba a encargar que se lo grabaran en un espejo para colgarlo en su casa. ¡Me parece una idea magnífica!

A los pastores Alexander y Sandra Sarraga de Champions Ministeries en Orlando, Florida. A lo largo de la vida, el Señor pone en nuestro camino a muchas personas, pero nunca imaginé que pudiera bendecirme con dos personas tan especiales como ustedes. Su discipulado y cuidado para conmigo fueron instrumentales en el plan de Dios para mi vida. Doy gracias a Dios por ustedes. Son una parte muy importante de mi vida.

A la Pastora Sandra, gracias por su capacidad organizativa y pensamiento creativo. Gracias al Pastor Alexander por su inspiración para diseñar la portada del libro.

También quiero darle gracias a Dios por mi preciosa hija, Amanda. Todos los días le agradezco a Dios que, de todas las hijas del mundo, Él te eligió a ti para mí. Es una bendición tenerte como hija.

A mi madre, a quien amo con todo mi corazón. Doy gracias a Dios por ti cada día. Tú no solo has sido una gran madre, sino que además has asumido el papel de padre para mí. Gracias por todas las grandes cosas y los grandes ejemplos que has traído a mi vida.

A mi hermana en Cristo, Angie Kiesling, por quien doy gracias a Dios de todo corazón. Doy gracias a Dios por habernos hecho coincidir en este tiempo y por permitir que corrigieras el testimonio de mi vida. Entre tantos editores disponibles, me alegro de que Dios te eligiera a ti. No eres sólo una editora increíble, sino una buena amiga también.

A mis queridos amigos Jose Ponce y Julio Nieves por ser verdaderos hermanos en Cristo y por sus constantes oraciones por mí. Los amo profundamente y le doy gracias a Dios por ustedes. Y a Peter Torres, a quien amo por ser un verdadero hermano en Cristo. Doy gracias a Dios por todas las veces que nos encontramos en el altar por la mañana para orar y por las veces que ministramos juntos.

A mi hermana en Cristo, Olga Rodriguez, por asumir el desafío de poner en imprenta el testimonio de lo que Dios ha hecho en mi vida.

Quiero darle las gracias a toda la gente que ha apoyado mi ministerio en iglesias, emisoras de radio, cadenas de televisión, escuelas y universidades. Gracias por permitirme compartir mi testimonio.

A cada lector que ha comprado este libro. Agradezco a Dios el privilegio de permitir que el milagro de mi vida pueda cambiar la de ustedes.

Prólogo

Durante gran parte de mi vida fui un devoto seguidor de la Santería, el espiritismo y el Palo Mayombe; llegué a ser sacerdote palero —también llamado "tata"— y brujo. Lo llamábamos "la religión". Sin saberlo, durante veinticinco largos años permanecí esclavizado a un mal indescriptible, creyendo que era siervo de Dios y perdido en una horrenda secta que enseñaba a sus miembros a odiar y matar, todo bajo la apariencia de la adoración a Dios. Pero un día el Espíritu Santo me reveló la gran mentira que me había tenido con los ojos vendados tantos años. Sin embargo, sin fuerza ni voluntad propias para romper con la religión (los que lo intentaban eran amenazados y castigados con la muerte), seguí haciendo lo que hacía y admirando a los miembros de la secta que decían amar a Dios. Pero un día sucedió el milagro. Fui liberado, como el apóstol Pablo.

Y sucedió que mientras viajaba, al acercarse a Damasco, de repente resplandeció en su

derredor una luz del cielo; y al caer a tierra,
oyó una voz que le decía: Saulo, Saulo, ¿por
qué me persigues? Y él dijo: ¿Quién eres,
Señor? Y El respondió: Yo soy Jesús a quien tú
persigues; levántate, entra en la ciudad, y se te
dirá lo que debes hacer. —Hechos 9.3-6

Y de esa manera pude escapar a través de la cruz
de Jesucristo. Así fui liberado del que me arrastraba a un
infierno eterno, Satanás mismo. Éste es mi testimonio.

La marca de la bestia

Esperando para cruzar la concurrida calle, saltaba de un pie a otro intentando combatir el frío invernal mientras observaba mi propio aliento dispersarse en el aire como si fuera humo. Aunque la temperatura rondaba los -20° F, la calle principal que atravesaba Castle Hill en el Bronx abundaba la gente como siempre a esta hora del día. Un grupo de niños jugaba en la acera, aparentemente ignorantes del estruendo del tráfico que circulaba a tan sólo unas yardas de distancia. Un conductor tocó la bocina mientras insultaba a otro a gritos. Un carro de policía zigzagueó entre el tráfico con la sirena a todo volumen, pitando para abrirse paso entre la aglomeración de vehículos. *Hogar, dulce hogar*, pensé cínicamente. La luz cambió de color.

—John, ¿qué hay de nuevo? —gritó una voz.

Levanté la vista y vi a un hombre apoyado en la puerta de la barbería. Lo conocía de Step-In, un bar que había cerca de la estación.

—Pues no mucho, hombre. Todo bajo control —contesté.

Le choqué la mano y giré la esquina rápidamente. No tenía ganas de hablar de tonterías.

El frío viento que soplaba en Castle Hill me dio en la cara, así que volví para arriba el cuello de mi abrigo de lana. Aunque el frío del invierno me vigorizaba físicamente, no podía dejar de pensar en algo que me preocupaba; no dejaba de darle vueltas. Levanté la cabeza y vi a una mujer mayor, hispana, que me miraba fijamente desde la puerta de su tienda. Cuando volví mis penetrantes ojos oscuros hacia ella, el miedo se le reflejó en la cara. Se persigno y entró en la tienda apresuradamente, haciendo tintinear una campanita a su paso.

Ve a casa de tu tía. El mismo pensamiento que había tenido antes volvió, esta vez con más insistencia. Para entonces no cabía ninguna duda: los espíritus me estaban hablando. *Ve a casa de tu tía*. Pensé en no ir, pero sólo por un momento. Cambié de dirección, volví por el camino en que había venido, evitando la calle principal, y llegué a casa de mi tía María en cuestión de minutos. Era una casa de madera de tres plantas. Toqué al timbre, esperé, y luego volví a tocar el timbre. Después de la tercera vez deduje que no estaba en casa. Sin embargo, algo me llevó a tocar a la puerta del sótano. Pasé por la verja de acceso y me dispuse a tocar, pero entonces me di cuenta de que la puerta estaba abierta, así que entré.

La habitación estaba llena de inquietantes vibraciones —era una sensación que yo conocía bien— e inmediatamente comprendí que se estaba realizando un ritual de brujería. En la oscuridad pude divisar a mi tía, a un hombre, y a otra mujer, sentados en una mesa blanca de las que los brujos usan en sus lecturas. En el piso, delante de la mesa, vi unos símbolos extraños escritos en tiza con unas velas encendidas sobre ellos. Parecía como si el piso estuviera en llamas. Por primera vez pude ver bien al hombre que estaba sentado detrás de la mesa. Era fornido y de baja estatura, y llevaba el pelo por los hombros y un pañuelo en la cabeza, como los ciclistas. Sus ojos, negros como el carbón, al igual que su pelo, parecían estar atravesándome. Quien quiera que fuese, era evidente que estaba a cargo de la reunión, y había algo atrayente en la extraña aura que emitía.

Mi tía no quería interrumpir la lectura, así que me indicó que pasara con un gesto. La lectura siguió adelante, y yo observé los símbolos del piso fascinado por el poder y la sensación de pesadez que envolvían la habitación. La brujería no me era desconocida —yo llevaba desde los diez años lanzando hechizos y alcanzando nuevos niveles de poder— pero nunca había sentido la energía que desprendía ese hombre. Yo la quería para mí.

Lo escuché describir los distintos aspectos de esta religión hasta que ya no pude aguantar la curiosidad.

—¿Qué es esto? —le pregunté a mi tía María.

—Es Palo Mayombe —me respondió con voz monótona, arreglándose el cabello que se le había salido de debajo del pañuelo que llevaba en su cabeza.

En ese momento, el hombre se volvió hacia mí e hizo ademán de hablar. El corazón me latió como si se me fuera a salir del pecho cuando escuché su profecía.

—Este joven es tu mano derecha y la persona más fiel de la religión —le dijo a mi tía.

Me miró un largo rato, dejando que sus palabras penetraran en mi mente.

—Es un brujo muy poderoso que se convertirá en alguien importante dentro de la religión. Debería formar parte del primer grupo de iniciados del próximo mes por su poder y su compromiso con el Palo Mayombe.

Los ojos de mi tía María se llenaron de sorpresa y lentamente, una sonrisa se extendió por su cara. En ese momento los dos comprendimos que yo acababa de entrar en una cita con lo sobrenatural. Su sobrino estaba a punto de convertirse en alguien muy poderoso, capaz de controlar regiones espirituales del Bronx.

Esa tarde supuso un momento decisivo en mi vida. Era consciente de que iba a entrar en otro nivel en la esfera espiritual y tendría un poder como nunca antes.

Contrato con el diablo

La ceremonia sacerdotal tuvo lugar dos semanas después en el sótano de la casa de mi tía María. Mientras me acercaba a la casa, podía oír el ritmo de las congas vibrando en el aire de la noche. El sonido de los cánticos del interior indicaba que los que habían venido para asistir a la ceremonia —sacerdotes experimentados de la religión— estaban convocando a los espíritus, preparando la atmósfera espiritual para lo que iba a ocurrir aquella noche de 1997.

Al abrir la puerta del sótano, entré en un mundo que pocas personas llegan a conocer en su vida. El sótano de mi tía se había transformado en una sala de ritos adornada para una ceremonia de brujería del más alto nivel. El parpadeo de las velas proyectaba sombras misteriosas en las paredes, y diecisiete ramas cubrían el piso, una por cada iniciado, para que nos sentáramos en ellas. Dos o tres docenas de gallos graznaban desde una jaula improvisada en un rincón de la habitación. Yo sabía para qué servirían.

El volumen de la música subió y las canciones aumentaron su intensidad. Las letras invitaban al diablo a venir mientras la hora se acercaba a la medianoche. Alguien les pidió a los ayudantes que nos llevaran a otra parte del sótano, y nos colocaron a todos hombro con hombro en lo que parecía ser un altar. La presencia de los demonios era tan fuerte que casi se podía palpar. Cuando el son de los tambores llegó a su punto culminante, sobre la habitación descendió una presencia que iba más allá de la comprensión humana. Aunque los cánticos eran en idiomas que yo desconocía, en lo más profundo de mi ser sabía que estaban convocando al diablo.

Era Nafumble, el diablo mismo.

Me sudaba la frente, y en mi interior se mezclaban el terror y la emoción. Cuando faltaban cinco minutos para la medianoche, el alto sacerdote tata se colocó delante de mí y empezó a entonar unas palabras, pronunciando el contrato que estaba a punto de realizarse. Me eligió a mí para ser el primero. Tomó una cuchilla y me hizo un corte. Al ver la sangre brotar, supe que el contrato se había iniciado.

De los diecisiete iniciados que estábamos allá esa noche, el diablo me escogió a mí nada más para ser tata, un alto sacerdote. El padrino me hizo un pentagrama con la cuchilla en el brazo derecho, diferenciándome así de los demás. Los sacerdotes alardearon de cuán raramente es llamado alguien para convertirse en tata, y yo levanté la cabeza con orgullo: tenía en mi cuerpo la marca de la bestia.

A la mañana siguiente me desperté temprano, con el cuerpo hinchado y sangriento tras el ritual de la noche, y fui al baño. Todavía estaba oscuro y en la calle reinaba un gran silencio, pero por la única ventanita que había en el sótano vi que pronto amanecería. Encendí la luz del cuarto de baño y me incliné para ver de cerca mi reflejo en el espejo.

La cara que vi era la de una nueva persona, un hombre nuevo. Los ojos negros que me miraban tan fijamente eran ojos que no había visto nunca: había nacido en el Palo Mayombe para convertirme en Palero tata, un alto sacerdote.

Capítulo 1

Los comienzos

Con la sangre hirviéndome por la rabia, entré en un bar y, con la mirada, busqué a mi padre entre el humo, sabiendo que tenía que estar allá. ¿Dónde más iba a estar cuando no estaba en casa o manejando su taxi pirata? Y allá estaba tal y como yo esperaba, sentado en la barra, intentando conquistar a una mujer morena con una blusa ajustada. Sonreía y se reía, y yo sabía que mi madre estaba muy lejos de su pensamiento.

Algo se movió en la habitación y me llamó la atención. Un hombre que no había visto nunca le lanzó una mirada fulminante a mi padre y apretó los puños. Incluso desde donde yo me encontraba, a cierta distancia, podía notar los celos y la ira que irradiaba.

El desconocido metió la mano en su abrigo, y en ese momento comprendí lo que iba a hacer, lo que yo deseaba en secreto que alguien hiciera desde hacía mucho tiempo: matar a mi padre.

Se oyeron dos disparos, y mientas mi padre se desplomaba en el piso, el desconocido cruzó la habitación para acribillarle el frío y vil corazón con el resto de las balas de su arma. Yo me asomé por detrás del desconocido y miré fijamente a mi padre, que yacía moribundo, con los agujeros producidos por las balas aún humeantes. Mi padre me miró con los ojos bien abiertos, y mientras el hilo que le sostenía la vida se rompía, le dije que lo único que tenía que haber hecho era demostrar un poco de amor y preocupación por su esposa y por su familia. Sólo un poco. De haberlo hecho, su hijo mayor no habría pasado tantos días y noches de su joven vida deseando la muerte de su padre y viendo, finalmente, su deseo hecho realidad.

Las últimas palabras que mi padre me oyó decir fueron: —Ojalá hubiera sido yo el que apretó el gatillo.

* * * * * * * * * * * * * *

El sonido de una sirena me despertó abruptamente y me incorporé en la cama, rígido, temblando con un sudor frío. *Un sueño Sólo ha sido un sueño.* El mismo sueño que había tenido una y otra vez desde que asesinaron a mi padre cuando yo tenía trece años. Les eché una mirada a mis hermanos, que, dormidos, roncando suavemente a pesar del tumulto de las calles del Sur del Bronx a las que daba la ventana de nuestro lúgubre apartamento. La habitación estaba helada, como siempre, pero ya estaba acostumbrado. No conseguía dormir, así que crucé la habitación y me asomé a la ventana. Había un par de gamberros del barrio en la esquina, arrimados a un cubo de basura en el que habían encendido una candela; otro carro de policía pasó a toda velocidad persiguiendo con su sirena a la que me había despertado de mi cruel sueño.

¿Cómo llegaste hasta acá? —me pregunté. Nací en Puerto Rico, pero me crié en el Bronx, el mayor de cuatro hermanos. Desde la isla caribeña de Puerto Rico, con su sol maravilloso, sus palmeras, sus suaves brisas y sus aguas cristalinas, nos habíamos trasladado a las duras y frías calles del Sur del Bronx. De niño, solía asomarme a la ventana en uno de los pisos superiores de nuestro edificio y observar el sucio mar de edificios de cemento, cristal y ladrillos. Incluso siendo tan pequeño, tenía alma de artista, pero por muy lejos que alcanzase a ver, no encontraba ni arte ni belleza. Lo único que veía era un océano de fealdad.

Yo era un niño de buen corazón y lleno de vigor, y hacía todo lo posible por ayudar a mi madre y a mis hermanos. Sabía que mi madre me amaba, y eso era muy importante, pero lo que más anhelaba era el amor y la aprobación de mi padre, algo que todo niño necesita. Yo quería un padre que participara en mi vida, que dijera que se sentía orgulloso de mí y que me amaba, pero nunca lo tuve.

Mi padre engañaba a mi madre con un sinfín de mujeres y se metía en peleas siempre que el alcohol le producía ataques de furia. Sus desquiciadas hazañas le tenían atrapado a él, y nos tenían profundamente entristecidos a nosotros. Yo hervía de resentimiento a una edad muy temprana porque mi padre nos había privado de la prosperidad, las bendiciones y la felicidad de una familia normal.

Cada año que pasaba nos trataba peor, y yo dejé de ser un niño amable convirtiendome en un niño lleno de ira. Con el transcurso del tiempo, mis sentimientos y mi manera de ver el mundo se enconaron con la amargura que sentía. Llegó un momento en que mi corazón, que había sido bueno, se volvió frío como una piedra.

La Gran Manzana agridulce

Mi madre, Esther Martinez, tenía sólo dieciséis años cuando se casó con Eustaquio Ramirez en Santurce, Puerto Rico, y yo nací ese mismo año, en diciembre de 1963. Al año siguiente nació mi hermano Julio. Vivimos en Río Piedras, Puerto Rico, durante un año hasta que mis padres y sus respectivas familias se fueron a los Estados Unidos.

Al llegar a Estados Unidos nacieron mis hermanos George y Eustaquio Jr., uno detrás de otro. Pero los desafíos crecieron. A medida que me iba haciendo mayor, me daba cuenta de que no estábamos preparados para la realidad de la vida en Nueva York.

Se suponía que íbamos a empezar una vida mejor en la ciudad con más oportunidades del mundo: Nueva York.

¡La isla de Manhattan estaba tan cerca! Sin embargo, desde donde vivíamos en el Sur del Bronx, parecía que estuviera al otro lado del mundo. A menudo nos sentíamos como si nos encontrásemos atrapados en el tiempo. Nuestro apartamento era una cárcel con barras invisibles que nos tenía enjaulados en la interminable pesadilla de la vida real.

La realidad en que vivíamos parecía un mal sueño. Mi padre, que era quien debía dirigir a la familia, estaba siempre yéndose de casa y dejándonos solos. Casi siempre estaba desaparecido en combate, pero cuando estacionaba el taxi con el que se ganaba la vida y oíamos la llave girar en la cerradura, la puerta se abría y mi padre volvía a entrar en nuestra vida. —¡Papi está en casa! —gritaba uno de mis hermanos pequeños. Mi padre era un hombre joven y guapo, de ojos penetrantes y abundante pelo negro. En cuestión de segundos mi madre, con su bata y su infaltable delantal, dejaba a un lado el enojo debido a su ausencia y su corazón era engañado de nuevo sólo con verlo, y él entraba en la cocina a tomar algo de comer como si nunca nos hubiera dejado.

—¿Qué les pasa a estos hijos míos? —le preguntaba quejoso a mi madre, señalándonos con el dedo mientras nosotros lo mirábamos desde la puerta que separaba el diminuto salón de la pequeñísima cocina.

—Son buenos chicos, Eustaquio. ¿De qué hablas? —decía mi madre mientras removía el arroz en la estufa.

—Si fueran buenos chicos me pedirían la bendición cuando me ven en la calle, como hacen sus primos —contestaba mi padre—. Siempre me dicen: ¡Bendición, tío!, pero, ¿y mis hijos? ¿Me piden alguna vez que los bendiga? No. Lo único que quieren es que les dé un dólar para comprar caramelos.

Y me miraba a mí, pensando que, al ser el mayor, yo hablaría por los cuatro. La amargura y el odio se removían dentro de mí. Sabía que cualquier respuesta sería inútil. Y entonces mi padre se iba a la sala, se echaba en el sofá en un estupor de embriaguez y se quedaba dormido.

Con frecuencia al día siguiente, aunque éramos su propia familia, parecía distanciado, como si tuviera la mente en otro sitio. Era como si necesitara que lo tratásemos más como a una visita importante que como a un padre, y todos nosotros íbamos por la casa de puntillas intentando por todos los medios agradarle e incluirlo en nuestra vida.

Seguramente mi madre quería contarle cosas de los últimos días, o las últimas semanas. Mis hermanos y yo estábamos deseando compartir con él nuestras victorias en béisbol, o las anécdotas del baloncesto, o lo que había pasado en la escuela, o después de las clases. Queríamos hablarle, quizás, de algún carro *cool* que habíamos visto, o de la chica que nos gustaba, o contarle un chiste gracioso que habíamos oído. Pero la mayoría de las veces comíamos en silencio por miedo a hablar.

Parecía que estuviera rodeado de una valla sin puerta con alambre de espino que nos daba miedo escalar sabiendo que nos cortaríamos. Otras veces parecía más bien un muro de ladrillo que jamás podríamos atravesar, donde guardaba sus emociones, sin demostrar nunca alegría ni amor por nosotros.

No conocía a mi padre en realidad, y me parecía que ni siquiera le caíamos bien, pero no lograba entender por qué no. Veía que otros niños iban al parque con sus padres, y jugaban juntos a la pelota, y hablaban de deporte. Veía que los padres hablaban con los hijos entusiasmados, les daban palmadas en la espalda, y caminaban con ellos, riéndose. Yo ansiaba ese tipo de relación, pero cada vez que intentaba acercarme a él, me apartaba con un empujón y me llamaba "estúpido". Algunas palabras son demoledoras para un niño, y *estúpido* es una de ellas, sin duda.

A mi padre no parecía importarle el daño que nos hacía su disfunción. Parecía esforzarse por desanimarnos a mis hermanos y a mí, por criticarnos y dirigirse a nosotros en tono condescendiente. Nunca éramos lo suficientemente buenos para tenerlo contento. Y yo me juré entonces que nunca sería como él ni como hombre ni como padre. Lo odiaba, y hasta me daba vergüenza que los demás supieran que era mi padre.

A veces albergaba la esperanza de que un día me mirara y apareciera en sus ojos un destello de afecto; en ese momento, recordaría que él también había sido niño. O de que quisiera que yo lo tomara como modelo del hombre en que me convertiría algún día; pero no había nada en él digno de ser imitado. La imagen o estaba distorsionada, o era fea, o estaba en blanco. No había plantilla en la que yo pudiera moldearme; no había imagen que copiar.

Muchas veces hacía promesas y nosotros, como tontos, nos las creíamos.

—Oye, John —exclamaba desde el sofá, con una cerveza en la mano—. Este fin de semana, cuando termine mi turno, voy a llevarte a Coney Island con tus hermanos. ¿Qué te parece, eh?

Su sonrisa parecía tan genuina que yo lo creía.

—¿Quieren ir a un parque de atracciones? Obedezcan a su madre esta semana y los llevaré el sábado.

Pero cuando llegaba el sábado, mi padre no aparecía por ninguna parte. Había salido de nuestra vida una vez más y no volvería a aparecer hasta días o semanas después.

Mi madre era la columna vertebral de la familia. Con cuatro hijos pequeños, le resultaba difícil ir de un lado a otro. Como mi madre no tenía estudios ni experiencia laboral fuera de casa, dependíamos de la asistencia social, los cupones de alimentos y cualquier otro tipo de ayuda que pudiera conseguir. Todo se terminaba en una o dos semanas, pero intentábamos estirarlo al máximo. De vez en cuando mi padre le daba veinte dólares para comprar comida para la semana. Incluso en aquella época, eso no era suficiente.

Pero a veces era mucho peor. Una vez entré en la cocina y me quedé pasmado mirando los cinco dólares que había dejado en la mesa para comida y otras cosas básicas. ¡Cinco dólares! ¡Para su mujer y sus cuatro hijos en edad de crecimiento! Las matemáticas que yo aprendía en educación primaria eran muy elementales, pero eran suficientes para saber que cinco personas (seis cuando él aparecía) dividido entre cinco dólares suponía que mi padre había dejado menos de un dólar por cabeza para toda la semana. También sabía que incluso a finales de los años 60 y principios de los 70, eso no era dinero. Mi madre usaba los alimentos esenciales —arroz, habichuelas y patatas— para estirar lo demás. Pero aunque ella tuviera una gran creatividad en la cocina, cinco dólares era una broma pesada. Lo que mi padre había dejado para que pudiéramos vivir era más un insulto que una ayuda.

—¡Cinco dólares! Sabes que eso no es suficiente para dar de comer a una familia —alegaba mi madre, con la frente arrugada por la preocupación.

—Entonces quizás deberías poner los cinco dólares en agua para estirarlos —le decía mi padre desdeñosamente por encima del hombro mientras se reía de su gracia.

Esa era una de las muchas maneras en que humillaba a mi madre y controlaba a la familia, dejando que pasásemos necesidad.

¿Dónde estás, Dios?

Como muchos otros, mi padre estaba metido en el espiritismo, e invocaba a sus dioses en una habitación oscurecida con ritos extraños, cánticos y velas. Para él era sólo algo cultural. Una tarde, hacia el anochecer, al pasar por el pasillo del apartamento, oí a mi padre cantando en la habitación que compartía con mi madre. Me acerqué de puntillas hasta la puerta, miré por la rendija y lo vi delante de un altar improvisado, lleno de velas encendidas. La imagen de mi padre entonando cánticos a su santo preferido, al que llamaba San Lázaro, me asustaba y me fascinaba a la vez.

Muchas veces me daba cinco dólares para que fuera a la botánica, una tienda de pociones, a comprar una vela de color naranja y flores para San Lázaro, a quien seguramente quería más que a sus propios hijos. Aún puedo oír sus palabras resonando en mi mente: —¡Date prisa y no pierdas el dinero!

Y yo salía corriendo a toda velocidad escaleras abajo, como alma que lleva el diablo, intentando recuperar la respiración y pasando como un rayo junto a las personas que estaban sentadas en la entrada. Tenía una misión que cumplir. Había mucho tráfico en las calles y yo corría entre los carros sujetando con fuerza el dinero. Mientras me dirigía a la botánica, esperaba y rogaba que tuvieran lo que tenía que comprar. Si no, mi padre se sentiría decepcionado y se enojaría conmigo.

A diferencia de otras familias hispanas, la mía nunca iba a la gran iglesia católica de nuestro vecindario, pero yo había visto los crucifijos y los cuadros de Jesús y había oído a la gente llamarlo "Dios". Si era Dios, ¿por qué no aparecía en mi vida? ¿Por qué permitía que mis hermanos y yo sufriéramos a manos de nuestro propio padre, por no mencionar la angustia que experimentaba mi madre? Yo apartaba esos pensamientos de mi mente con la misma rapidez con que se producían. Era demasiado doloroso pensar en cuál podía ser la respuesta.

Una tarde fui a jugar al patio de la escuela que estaba al final de la calle, pero me sorprendió el sonido de una música a todo volumen que venía de allá. Me entró curiosidad por ver a qué se debía tanto alboroto, y al acercarme vi una gran carpa roja bajo la que se estaba celebrando un servicio religioso. Había alguien tocando el piano, y un coro cantando a toda voz canciones sobre Jesús y se movían con la música en la parte de atrás de la carpa. Me quedé a una cierta distancia durante algún tiempo, emocionado por la música, que me llegaba al corazón. Aunque no sabía qué exactamente, de manera instintiva sabía que en aquel lugar estaba sucediendo algo muy especial. Mientras cantaba el coro, un hombre bajó del escenario y empezó a tocar a la gente en la frente de forma aleatoria. Aquellos a los que tocaba caían de espaldas al piso como si se quedaran dormidos. Parecían tener una gran paz tendidos allá, y de repente, yo deseé que a mí me pasara lo mismo. Sentí que allá había un amor indescriptible.

Como si le hubieran dado el pie, el hombre que dirigía el evento empezó a dirigirse hacia donde yo estaba. Se me aceleró el pulso. Fue tocando a toda la gente que estaba a mi alrededor uno por uno hasta llegar al hombre que estaba a mi lado. El hombre se cayó de espaldas y pude ver la bendición sobre él —ese algo especial que yo deseaba también. Alcé la vista expectante, esperando que el ministro me tocara, pero pasó de largo y se dirigió a otra sección de la multitud. Me fui de allá con el corazón roto, sintiendo que nadie me quería. ¿Por qué no podía ser yo uno de aquellos por los que oraban? ¿Por qué no podía ser yo al que tocaban? La respuesta que pasó por mi mente fue: *Supongo que Dios tampoco me ama.*

Mi padre, mi enemigo

La mayoría de las noches mi padre llegaba a casa borracho y lleno de rabia, y le pegaba a mi madre sin tener ninguna razón ni excusa, por muy pequeña que fuera. Mis hermanos y yo nos encogíamos en nuestra habitación, temblando de miedo. Sólo éramos unos niños, y yo me mordía los labios y le pedía a Dios que hiciera parar los golpes y los gritos.

Una noche el sonido de mi madre gritando me sacó de un profundo sueño. Salté de la cama de arriba de la litera en la que dormía y fui tambaleándome por el pasillo con un nudo en el estómago. Cuando estaba llegando a la cocina, se oyó un gran estruendo de cristales al romperse. Mi padre había llegado a casa borracho —a las dos de la mañana— y había exigido la comida que mi madre siempre tenía preparada para él.

—¡Inútil! ¡No sé por qué te aguanto! —gritó, buscando otra cosa que arrojar.

Mi madre sollozaba mientras intentaba servirle la cena que había estado preparando toda la tarde. De repente habichuelas, arroz, tomates, pollo y plátano recalentados salieron volando cuando mi padre estampó el plato contra la pared.

—¡Eustaquio, *nooo*! —gimió mi madre.

Observé la cara de mi padre; la reacción de mi madre pulsó un interruptor en su borracho cerebro y desató a un monstruo.

La agarró del cabello y empezó a golpearla sin piedad. Le pegó tan fuerte que hizo que se saliese de sus zapatos. En un momento determinado de la paliza, mi madre consiguió soltarse y, descalza y atemorizada, salió corriendo por el pasillo hasta su habitación. Intentó cerrar la puerta con llave en un esfuerzo inútil por escapar de él. Él fue detrás de ella y forzó la puerta. Mi madre gritaba cada vez más fuerte mientras él le seguía pegando. Aunque yo sólo era un niño, sabía que tenía que rescatarla. Entré en la habitación y le salté a mi padre en la espalda para evitar que le hiciera más daño a mi madre. Él se giró con fuego en los ojos, me maldijo, me agarró con sus ásperas manos y me lanzó violentamente al otro lado de la habitación. Caí al piso hecho un trapo, sintiéndome física y emocionalmente herido, enojado e impotente mientras él seguía golpeando a mi madre.

Por fin a las cuatro de la mañana, cuando se le había agotado la rabia, mi padre se desmayó y la casa volvió a una extraña calma. Temblando de miedo y de rabia, me volví a la cama e intenté dormir. En tan sólo tres horas tendría que despertarme, vestirme e ir a la escuela como si nada hubiera pasado. Tendría que mostrarle una cara valiente al mundo y fingir que mi vida familiar no era el infierno que realmente era.

Esa noche, mientras examinaba mis moretones y pensaba en las heridas que tendría mi madre también, el odio que sentía por mi padre se recrudeció y por primera vez deseé su muerte. En aquel momento no era consciente de ello, pero un día mi deseo se haría realidad.

Capítulo 2

El Bronx Quemado

Nuestra vida, en vez de mejorar, seguía llena de dificultades, y las escenas violentas se repetían como si estuviésemos en un desquiciado círculo por el que fuéramos bajando sin parar en la espiral de nuestro infernal modo de vida. Mi padre se preocupaba cada vez menos de nosotros, llevando la situación financiera de nuestra familia a bajos alarmantes y obligándonos a mudarnos de un sitio a otro del Bronx. En aquellos días, los dueños de los edificios de los barrios pobres no reparaban sus edificios, y las calles del Bronx del Sur estaban llenas de infames líneas de viviendas insalubres rodeadas de basura. En aquella época, ninguna persona que viviera en cualquier otro distrito quería visitar a nadie del Bronx. Era como una zona de guerra devastada.

Los dueños de los edificios eran deshonestos y les prendían fuego a sus propiedades para cobrar el dinero del seguro, así que la zona empezó a ser conocida como "el

Bronx Quemado". Por la noche el cielo se teñía de color naranja cada vez que uno de aquellos señores decidía recuperar su inversión. En nuestro edificio vivían treinta familias hacinadas en el poco espacio habitable de los pequeños apartamentos, pero el edificio estaba en tal mal estado que muchas familias acabaron yéndose a otro sitio; se quedaron sólo tres, incluida la nuestra.

El edificio no tenía ni agua caliente ni calefacción, y algunas noches de invierno mis hermanos y yo dormíamos juntos y con la ropa puesta, envueltos en nuestros suéteres, abrigos, bufandas y guantes para mantenernos calentitos durante la noche. Hacía tanto frío que parecía que estábamos acampados fuera, y de los labios nos salían bocanadas de aire frío mientras intentábamos dormir.

Aunque nos daba vergüenza la miseria de nuestra situación, nos aferrábamos al apartamento porque no teníamos otro sitio donde ir, y mis hermanos y yo pasábamos las noches despiertos por turnos, vigilando desde la ventana para asegurarnos de que los gamberros del barrio no quemaran el edificio pensando que estaba abandonado.

Parado junto a la ventana me esforzaba por mantener los ojos abiertos mientras vigilaba el exterior, pendiente de cualquier movimiento o del sonido de cristales al romperse, indicio de que se acercaban los "bandidos" del vecindario buscando diversión. Miraba el reloj, que iba marcando las horas la una, las dos hasta que acababa mi turno a las 3 de la mañana. Desde la ventana miraba fijamente la fría noche, con la luz de la calle iluminando nuestra habitación. Aunque mi cuerpo ansiaba dormir, hacía guardia para asegurarme de que mi familia no se viera reducida a cenizas.

Los distintos barrios del Bronx estaban controlados por pandillas o *gangas*, como nosotros las llamábamos, y el nuestro no era diferente. Una *ganga* denominada los New York Reapers patrullaba las calles y callejones que conformaban nuestro hogar, y de alguna manera extrañamente paternalista cuidaban de los residentes del barrio, reservando su deseo de sangre para los miembros de cualquiera de las pandillas rivales que se atreviera a adentrarse en su territorio. Y si las pandillas rivales se atrevían a invadir el territorio de los Reapers, la pelea estaba asegurada.

—Oye, muchacho —me llamó uno de los Reapers, tocando la bocina de su carro para captar mi atención.

Su Chevy Nova tuneado marchaba en vacío junto a la acera haciendo un ruido sordo. Yo estaba llenando dos cubos de agua en un hidrante y levanté la vista. Una vez llenos, mi hermano Julio y yo cargábamos con ellos hasta el quinto piso, donde estaba nuestro apartamento, que no tenía agua corriente, y volvíamos a hacer el mismo viaje seis o siete veces más hasta que hubiera agua suficiente para toda la noche. Hice como si no le hubiera oído, a ver si se iba.

—Oye, *muchacho*, ¿me oyes?

Ya no podía seguir ignorándolo. Lo miré inexpresivo a los ojos.

—Va a haber una pelea esta noche con los Flying Dutchmen, así que termina con tu trabajo y asegúrate de que tu familia esté en casa antes de las once. ¿Me oyes? No queremos que nadie salga herido excepto los Dutchmen.

Se rió de su propio chiste y se pasó la mano por su colita de caballo negro, liso y brillante, dejando ver el destello de los gruesos anillos de tachuelas que llevaba en los dedos y que tan bien le venían en las peleas.

Asentí con la cabeza y seguí con mi trabajo, pero sentía que mi corazón latía más rápido. Las peleas nos daban miedo, sin duda, pero también eran emocionantes. En cuanto el Nova giró la esquina, le grité a Julio:

—¡Julio, hay una pelea esta noche! Avisa a mamá, Jorge y Eustaquio!

Mi hermanito estaba saliendo de nuestro edificio con dos cubos vacíos en la mano, listo para volver a llenarlos y subir de nuevo los cinco pisos hasta nuestro apartamento.

Sus ojos se agrandaron.

—¿De verdad? ¿A qué hora?

—A las once. Ve y díselo a mamá para que pueda ir corriendo al mercado. Yo me encargo del agua.

Me dio sus dos cubos vacíos y salió disparado hacia la escalera de entrada de nuestro edificio, donde desapareció.

Una extraña, casi tangible sensación recorría las calles del barrio. La noticia de la pelea se extendió con la velocidad del rayo. Las madres hacían sus compras de última hora en las viejas tiendecitas de la Avenida Deli y la Calle 179. Los niños que estaban jugando en la calle bailaban y saltaban nerviosos y las bocinas de los carros resonaban como si anunciaran el inminente enfrentamiento de las *gangas* rivales.

Y a las once en punto, mis hermanos y yo estábamos preparados, esperándolos. Nos apoyamos en la ventana de nuestra habitación como si tuviéramos asientos de primera fila para un campeonato de boxeo.

—¡George, Julio, asegúrense de que Eustaquio no saque el cuerpo más de la cuenta! —les ordené de manera protectora, asumiendo el papel paterno en ausencia de nuestro verdadero padre.

Por todas partes se veía gente en las ventanas, como nosotros. Lo único que faltaba eran las palomitas de maíz y la Coca-Cola. Un murmullo de voces zigzagueaba por las calles y los callejones, que se habían quedado extrañamente desiertos, excepto por las ratas que corrían por detrás de la fila de cubos repletos de basura.

Como si lo hubieran ensayado, los Reapers tomaron sus posiciones en las calles, en los callejones y en las azoteas, portando bates, cadenas, navajas, machetes, pistolas y cubos llenos de ladrillos. Cuando los Flying Dutchmen entraron en el barrio, sonó un grito de guerra en las azoteas, desde donde los Reapers les lanzaban ladrillos a los carros de la banda rival, mientras que los que estaban en la calle sacaban a sus enemigos de los vehículos, golpeándolos sin piedad. Los Reapers salían como animales salvajes y de repente desde nuestra ventana vimos las calles retorcerse llenas de cuerpos y sangre y gritos de hombres derotados.

La pelea continuó con gran estruendo limitandose a un radio de una cuadra, y mis hermanos y yo observamos fascinados desde el quinto piso. Cerca de quinientos pandilleros destruían la calle debajo de nosotros, saltando sobre los carros, golpeando a los rivales y disparando en la noche. Otros yacían en la calle, los que quizás no volvieran a casa esa noche o no vivieran para contarlo. No se veía ni un solo policía. La policía temía a las pandillas a la vez que las respetaba, y tenía un sexto sentido que le decía cuándo iba a haber una pelea. Tras aproximadamente una hora de brutalidad, cuando se les había agotado la sed de sangre, los Reapers celebraron su victoria en las esquinas de las calles, bebiendo cerveza y gritando. Pero el acto de venganza sólo se completó cuando les quitaron las chaquetas a los Flying Dutchmen y las colgaron de los postes de luz del vecindario, declarando así la victoria de los Reapers.

Una extraña calma volvió al barrio. Sólo se oía el movimiento de las chaquetas que colgaban de los postes. Mis hermanos y yo nos metimos en la cama e intentamos dormir mientras el corazón nos bombeaba adrenalina, una protección interna natural contra el frío en las noches de invierno.

El campo de pruebas

La violencia conlleva un efecto dominó, así que los miembros de las *gangas* no eran los únicos que vivían según el código guerrero en el Bronx, sino que nosotros, los niños, también. Incluso si intentabas evitarlo, te encontraba. Los chicos duros —los gamberros del barrio— siempre ponían a prueba a los nuevos, y como nosotros cambiábamos de sitio con tanta frecuencia, teníamos que estar siempre demostrando lo que valíamos. Ellos eran las bombas de relojería ambulantes, los maleantes del barrio que siempre querían salirse con la suya, así que les pegaban a los más débiles. Si no te enfrentabas a ellos o participabas en lo que demandasen, el dinero de tu almuerzo desaparecía misteriosamente en la escuela y podías llegar a casa con un ojo morado o los dedos rotos.

Yo les hacía frente, pero intentaba no perder los nervios; no quería convertirme en un gamberro como ellos.

—¡Oye, John! ¡Ven aquí! —me llamó una voz un día cuando volvía a casa de la escuela, caminando solo.

Era Jose, el líder de un grupo de maleantes que solía rondar por la pista de baloncesto, pitando y burlándose de las chicas que pasaban por allá y amargándole la vida a cualquier muchacho que no formase parte de su grupo.

—No puedo, tengo que trabajar —mentí, fingiendo tener algo que hacer aparte de mi tarea normal de cargar agua.

—Pero tú sabes que no vamos a dejarte en paz tan fácilmente —dijo Jose, acercándose a mí sigilosamente mientras cinco de su banda de amigos callejeros esperaban detrás, listos para entrar en acción a juzgar por su expresión.

Medí a mis contrincantes. Podía encargarme de Jose, y quizá de uno o dos más, pero contra seis, tenía todas las de perder.

Jose percibió mis dudas y lentamente esbozó una sonrisa.

—Vamos a la tienda a por algo de comer, pero se me ocurre que tú podrías conseguirnos algunas cosas. ¿Qué les parece, muchachos? ¿Es John lo suficientemente bueno como para ser uno de los nuestros?

Sus amigos intentaron disimular la risa y observaron mi reacción.

Yo sabía que Jose quería que robara para ellos chocolates, unos paquetes de papas y quizás unos refrescos. O lo hacía, o me tacharían de gallina.

Jose sacó una navaja de la chaqueta e hizo como que se limpiaba las uñas, asegurándose de mostrarme el brillo plateado de la hoja.

—No oigo la respuesta. Oye, ¿estás con nosotros en esto, o eres un cobarde?

Levantó la vista. Tenía los ojos llenos de odio.

—Porque si eres un cobarde, te vamos a partir la cara —dijo volteando la navaja en el aire—. O algo peor.

—No me das miedo; es que no quiero perder el tiempo con eso —dije, mirando a Jose a los ojos.

Lo cierto es que no quería que me descubrieran robando y acabar con antecedentes penales como todos esos gamberros. Yo quería terminar mis estudios, no ir a la cárcel con esa chusma, pero mi mente decía una cosa y mis labios otra.

—Claro que puedo hacerlo, pero no quiero. ¿Por qué intentas ponerme a prueba?

Procurar ganar tiempo nunca funcionaba con tipos como Jose. No te dejaban hasta que hacías lo que ellos querían. Nunca me descubrieron. Robé helados del congelador, paquetes de papas del mostrador, refrescos de la nevera. Otras veces la lista la componían productos más valiosos, así que entrábamos todos en alguna tienda de ropa y robábamos una o dos chaquetas. Me gané el respeto de Jose, pero perdí el mío propio.

Cuando volvía a casa después de algún pequeño hurto, solía ver el taxi de mi padre aparcado en la acera delante de un bar, y a él abriéndole la puerta a una bella mujer —su última amante o una chica cualquiera con la que pasar un buen rato. A veces se daba cuenta de que lo había visto y me echaba una mirada sugerente como diciendo: *Los hombres somos así. ¡No se lo cuentes a tu madre!*

El odio se me revolvía en las entrañas, un odio afilado como la hoja de una navaja por años de abandono y abuso. Si hubiera sido un padre protector, un padre de verdad, quizás no habría tenido que rebajarme a robar chocolates para mantener a los gamberros del barrio a raya. Quizás nuestra vida familiar sería *normal*... esa loca palabra que siempre esquivaba a la familia Ramirez.

Andar con pies de plomo

A pesar de nuestra mísera existencia, mis hermanos y yo admirábamos a nuestra madre como a una heroína. Aprovechaba al máximo lo que tenía, y hacía todo lo posible por nosotros. Sin embargo, mi padre bebía cada vez más y se volvió más abusivo y cruel de lo que me podía imaginar. Se puso más exigente y empezó a quitarnos el dinero y las pocas cosas de valor que teníamos. A veces se llevaba el dinero que mi madre había estado juntado con gran esfuerzo durante meses —monedas de cinco y diez centavos— para comprar licor, y con frecuencia nos quitaba el poco dinero que nos acababa de dejar para la semana.

Cuando mi padre se iba, yo daba vueltas por la casa conteniendo la respiración porque me daba miedo relajarme. Y tan pronto como exhalaba un suspiro de alivio, tan pronto como mi madre, mis hermanos y yo transformábamos la locura en orden, armonía y una pequeña medida de paz, mi padre volvía y lo destruía todo otra vez.

Las cosas empezaron a desmoronarse aún más en el aspecto financiero. Pasamos lo que parecía una eternidad viviendo en tugurios porque mi madre tardó años en ahorrar dinero suficiente para mudarnos. La preocupación que advertíamos en su rostro nos entristecía a mis hermanos y a mí; sabíamos que quería lo mejor para nosotros, pero no podía dárnoslo. No obstante, éramos ricos en el amor que nos profesaba. A pesar de todo, había una cosa con la que podíamos contar: nuestra madre nos amaba. Sin embargo, parecía extrañamente atada a nuestro torturador, a mi padre, y no parecía capaz de hacer nada al respecto.

De vez en cuando mi padre nos compraba alguna cosa, y luego pasaban meses antes de que volviera a comprarnos algo sustancioso. El final del año y las vacaciones eran épocas especialmente difíciles en nuestra casa. El comienzo de las clases en septiembre suponía la primera de las cuestas que nuestro presupuesto familiar tenía que subir en el último tramo del año. Mis hermanos y yo no teníamos elección: teníamos que usar la misma ropa y los mismos abrigos que el año anterior porque no había dinero para comprar nada nuevo.

—¡Brinca charcos! —gritaba algún chiquillo cuando me ponía en la fila del comedor de la escuela para almorzar, riéndose de cómo me quedaban los pantalones, unas pulgadas por encima de la parte superior de mis zapatos.

—Oye, ¿ése no es el abrigo de tu hermano pequeño? —decía otro—. Parece que las mangas te están cortas.

Yo hacía como si nada, como si no me sintiera avergonzado por las burlas, pero aquellas palabras se clavaban en mi espíritu, alimentando mi resentimiento hacia mi padre.

La llamada del lado oscuro

Para mis hermanos y para mí, Halloween suponía el principio de las fiestas más importantes del año. Nos encantaban los disfraces y convertirnos en superhéroes, vaqueros, el Conde Drácula, el hombre lobo o fantasmas por una noche. Era divertido ir de casa en casa recogiendo bolsas de cuadras de caramelo y fruta, chocolates y otros dulces. Algunos años los disfraces de los cuatro eran espléndidos, mientras que otros años sólo dos de nosotros conseguíamos disfraces de verdad ya que el presupuesto familiar no daba para más. Mi madre compensaba la falta de disfraz de los otros dos pintándonos la cara, transformándonos en fantasmas y demonios de cuello para arriba.

—¡George, Julio, Eustaquio vamos! —grité impaciente desde la puerta del apartamento, con la cara pintada de rojo como el diablo, con unos cuernos improvisados en la cabeza. Me miré en el espejo del cuarto de baño una última vez y le sonreí a mi reflejo: mis ojos, pintados de negro como el carbón, me asustaban un poco incluso a mí.

Mi madre apareció en el pasillo arrastrando a Eustaquio por la mano. Él se iba tropezando en su largo disfraz de vampiro negro y su voz salía amortiguada por la máscara que le cubría la cara.

—Cuida de tus hermanos, ¿me oyes? —me dijo con una mirada seria—. Los quiero de vuelta a las ocho y media como muy tarde.

Le prometí que volveríamos antes de esa hora y salimos, bajando las escaleras de dos en dos para llegar afuera lo antes posible. Las calles del Bronx se llenaban de vida esa noche, con niños disfrazados que corrían de un sitio para otro en las bulliciosas calles. Incluso las prostitutas que se apostaban en las esquinas cambiaban las minifaldas y las medias de red que solían llevar por provocativos disfraces de gata o de conejita de Playboy. Nos reunimos con algunos de nuestros amigos y nos dirigimos hacia un edificio de apartamentos que se rumoreaba que tenía los mejores caramelos del barrio.

—Oye hermano, tienes que ver esta casa —dijo mi amigo David con la voz entrecortada por ir corriendo con su disfraz de Batman—. La señora que vive allá la ha transformado en una casa encantada con

—¡No lo estropees! —le respondí—. Deja que lo vea por mí mismo.

Mientras subíamos por la escalera interior del edificio, oímos una música de miedo y unas voces profundas y roncas de canto fantasmal que provenían del tercer piso.

Mi corazón latía cada vez más rápido, y cuando llegamos al descanso de la escalera, pude ver que quien fuera que vivía allá había transformado toda el área de delante de la puerta en la guarida de una bruja con telarañas, luces negras, esqueletos colgantes y figuritas de gatos negros. La puerta del apartamento estaba abierta y de una oscura habitación salía un humo blanco. El crujido de nuestras pisadas le indicó nuestra presencia a quien viviese allá, y de repente alguien vestido de bruja se abalanzó sobre nosotros, gritando y riéndose por el pasillo. Nosotros gritamos y nos reímos, disfrutando del susto de Halloween, y luego abrimos las bolsas para que nos pusiera caramelos. Volví a aquella puerta cuatro veces esa noche.

Mi fascinación con la naturaleza oscura y misteriosa de lo oculto se afianzó ese año, y lo sobrenatural parecía perseguirme. Empecé a ver cosas que no deberían estar, o mejor dicho, veía cosas que no estaban, en el mundo físico. Años después, siendo brujo y gran sacerdote de la Santería, pensé en el tiempo de mi adolescencia y me di cuenta de que los ojos espirituales se me estaban abriendo por primera vez.

Una noche, después de jugar en la calle con mis amigos, entré en nuestro edificio y me dirigí a la escalera. Nuestro apartamento estaba en el tercer piso, y al dar la vuelta en el descanso del primero, una extraña mujer con aspecto de enana y cabeza de dibujo animado distorsionada se asomó desde el segundo piso. Parecía humana, pero su cabeza era imposiblemente grande. Lo único que veía era esa extraña cabeza con una sonrisa de payaso en los labios.

El corazón se me heló en el pecho y volví corriendo al primer piso. Diez minutos después, lo intenté una vez más y otra pero cada vez que avanzaba escaleras arriba, la figura aparecía bloqueándome el paso.

La mujer parecía muy joven, y tenía el pelo largo y negro y la piel blanca y pálida. Nunca antes había visto a nadie como ella en nuestro edificio, y un mal presentimiento me hacía pensar que algo no iba bien. Desesperado por llegar a casa, fui corriendo a la entrada para ver si llegaba alguien y poder subir acompañado hasta más allá del temido descanso del segundo piso.

—¿Podría ayudarme, señor? —exclamé cuando por fin un hombre entró en el edificio.

Se detuvo y me atendió mientras le explicaba el apuro en el que me encontraba con la mujer enana del segundo piso, pero cuando fue a comprobar lo que pasaba, me gritó desde arriba:

—¡Aquí no hay nada, muchacho! ¡Habrá sido una alucinación! —Y siguió subiendo las escaleras.

Tardé una hora en llegar a mi casa; al final subí con otro residente del edificio, y por supuesto la señora enana no se dejó ver.

Otra noche, en casa de mi abuela, me asomé a la ventana de la parte de atrás y vi a una mujer alta vestida de rojo corriendo de un lado a otro del callejón —sólo que no corría, sino que flotaba. Iba de acá para allá en rápida sucesión, y mientras se deslizaba, volvía la cabeza y sonreía como burlándose de mí. Aterrado, fui corriendo a la cocina.

—¡Abuela, ven rápido! Hay una señora allá fuera —dije, jalándole a mi abuela del brazo.

Ella estaba trabajando en la cocina, pero se giró y me miró.

—¿Qué quieres decir, Johnny? Hay muchísimas señoras en el barrio.

Pero pudo ver algo en mis ojos, y un instante después me siguió al salón.

—¡Silencio! Tenemos que sorprenderla —exclamé mientras me escondía detrás de las cortinas, haciéndole un gesto a mi abuela para que hiciera lo mismo.

Por la preocupación que reflejaba su cara, entendí que se había dado cuenta de que fuese lo que fuese, lo que había visto me había causado un gran impacto.

Eché un vistazo desde el extremo de la cortina.

—¡Allá! —susurré, pero mi abuela tardó demasiado. Para cuando ella miró, la deslizante señora había desaparecido, dejando sólo un destello rojo tras de sí. Una vez más, parecía que la aparición iba dirigida sólo a mis ojos y a los de nadie más.

Un día, semanas después, salí a la calle corriendo para encontrarme con un amigo en el solar vacío que había junto a nuestro edificio, y empezamos a lanzar piedras para ver quién le acertaba más a una ventana del edificio de seis pisos que se encontraba al otro lado de la calle. Tommy y yo nos pusimos a una cierta distancia el uno del otro, retándonos:

—Mi puntería es mejor

—No, la mía es mejor.

Nuestros desafíos se sucedían cuando de repente algo cayó del cielo y aterrizó a mis pies. Me agaché para ver qué era y vi un collar indio con perlas de brillantes colores en el piso. Me lo metí en el bolsillo antes de que Tommy pudiese verlo porque sabía que intentaría quitármelo.

En ese mismo instante oí que alguien pronunciaba mi nombre, y me pareció la voz de mi madre.

—¡Mi madre me llama! —le grité a Tommy mientras salía corriendo para casa.

Pero mi madre no me había llamado. Años después comprendí que lo que había escuchado había sido un espíritu protector, un principado que vagaba por el aire. Cuando entré en nuestro edificio, besé el collar y me lo puse alrededor del cuello. El pensamiento que me vino a la cabeza de manera inmediata fue: *Esto te protegerá*. Unos años después, cuando di mis primeros pasos en la brujería, mi espíritu protector principal era un jefe indio que se hacía llamar Tawata. Este espíritu fue el que me lanzó el collar desde el cielo, iniciándome en lo oculto incluso antes de que hubiera oído la palabra Santería.

Sin que me diera cuenta, el extraño portal de lo sobrenatural se estaba abriendo, y en mi juvenil inocencia y mi deseo de tener una figura paterna me adentré en él de lleno, sin saber el precio que tendría que pagar.

Unos meses más tarde pasé la noche en casa de mi tía Lidia, y cuando el reloj se acercaba a las once, mi tía me pidió que fuera a la tienda a comprar un galón de leche para por la mañana. Me puse los tenis, me metí el dinero en el bolsillo, bajé las escaleras corriendo y salí a la calle. Crucé la avenida y me dirigí a la tienda, que se encontraba a cinco cuadras, caminando a paso ligero e ignorando a los grupos de Reapers que había acá y allá en las esquinas.

Después de comprar la leche, inicié el camino de vuelta al apartamento de mi tía por las oscuras calles del Bronx. Sin previo aviso, sentí que algo escalofriante me seguía, y empecé a mirar atrás por encima del hombro. Más adelante, a una cierta distancia, vi un Chevy azul estacionado debajo de un farol. *Parece el carro de mi padre*, pensé. Cuanto más me acercaba, más familiar me parecía el carro.

—Ése es el carro de Papi —exclamé en voz alta.

Al acercarme, observé que había un hombre desplomado sobre el volante y supe que era él. Bastante nervioso, di unos golpecitos en la ventanilla.

—Papi, Papi, ¿estás bien? ¿Necesitas mi ayuda?

Era evidente que estaba borracho, tanto que no podía manejar, y probablemente ni siquiera sabía dónde estaba. Bajó la ventanilla. Durante una décima de segundo mi corazón se llenó de compasión hacia él. Quizás este fuera un momento de unión paterno-filial, mi oportunidad de ser un héroe y rescatar a mi padre esa noche.

Con dificultad para hablar, me contestó arrastrando las palabras, pero yo entendí cada una de ellas.

—¿Qué haces, estúpido? ¡Déjame en paz! ¡Vete a casa!

A medida que me alejaba, sentí cómo mi corazón se hacía pedazos y comprendí que esa persona a la que llamaba Papi nunca fue mi padre. Esa noche lo enterré en mis pensamientos, en mi corazón, en mi vida porque me destrozó hasta el punto de desearle la muerte. Cuando llegué a casa esa noche, yo era una persona diferente. Me abrí a un nuevo amor en mi vida, el amor de un padre hacia un hijo. ¿Dónde lo encontraría?

Capítulo 3

Iniciación

Cuando yo tenía diez años, mi tía María, la hermana de mi padre, llamó a mi madre y la convenció para que fuera a una lectura de cartas del Tarot. Por alguna razón mi madre me llevó a mí también, quizás como apoyo moral para esa incursión en lo desconocido.

Giramos en una calle lateral cerca de la Avenida Tremont y nos detuvimos delante de una casa blanca de dos plantas situada cerca de la acera. En la ventana que daba a la calle, un parpadeante cartel de neón anunciaba: "Se leen las cartas".

Dentro, tras una pequeña sala con unas cuantas sillas, vi una cortina delante de una puerta que conducía a otra habitación. *Ahí debe de ser donde leen las cartas*, pensé, y efectivamente, unos minutos después la señora de la casa atravesó la puerta encortinada y nos hizo un gesto para que la siguiéramos.

—Éstos son mi cuñada Esther y su hijo John —le dijo mi tía María a la mujer, quien nos observó a mi madre y a mí durante unos segundos, y luego le dijo a mi tía María que se sentara a la mesa que estaba preparada en aquella habitación. La mesa estaba cubierta con un paño blanco, y había candelabros, cruces, figuritas de santos católicos y otros elementos "sagrados" esparcidos por otra mesa larga en la pared opuesta de la habitación.

Cookie, la mujer, le leyó las cartas a mi tía María enseguida, y mientras le decía entre dientes lo que veía en las cartas, yo dirigí la vista a la cara de mi tía. Nadie de la familia sabía que estaba metida en la brujería desde la niñez —de alguna manera lo había guardado en secreto—, pero mientras la observaba, vi un brillo en sus ojos que apuntaba a un poder contenido detrás de su exterior templado.

Cuando terminó, Cookie le preguntó a mi madre si quería que le leyera las cartas a ella también. Ella lo dudó un poco, pero tía María la convenció, así que mi madre aceptó, no queriendo decepcionar a su cuñada.

Durante la lectura de mi madre, Cookie sólo le dijo cosas negativas. Yo no podía creer lo que salía de su boca.

—Su marido es un mujeriego —dijo, estudiando las cartas sobre la mesa. —Su matrimonio no anda bien, y veo que se quedará viuda siendo joven.

Miré a Mami. Su rostro carecía de expresión, y yo sabía que era porque las palabras de la adivina habían dado en la diana. Siguió hablando unos minutos más, llenando a mi madre de miseria. Lo siguiente que dijo se refería a mí.

—Su hijo está a punto de perder la vista

De repente dejó de hablar, estudió las cartas un poco más, y levantó su diabólica mirada hacia mí.

—Este muchacho necesita una purificación ceremonial inmediatamente. ¡Si no la recibe, perderá la vista en los próximos treinta días! —Volvió sus duros ojos hacia mi madre—. La ceremonia cuesta 200 dólares. No se demore.

Para entonces mi madre era presa del pánico. Gotas de sudor salpicaban su preciosa frente, y mi estómago se revolvía de enojo por saber que a su ya pesada carga de preocupaciones se había añadido una cosa más. Le prometió a la lectora de cartas que volveríamos en una semana para mi ceremonia de purificación.

Cuando salimos de la casa, mi madre no tenía ni idea de que acababa de abrirse la puerta del mal y nosotros estábamos a punto de entrar por ella.

Bienvenido a la brujería

Yo sabía que mi madre no tenía 200 dólares, y la idea de pedirle dinero a mi padre era absurda, así que ella hizo lo que haría cualquier buena madre: le vendió los muebles de su dormitorio a una vecina por 250 dólares.

Una semana después, mi madre me llevó de nuevo a la mujer que leía las cartas, que era una alta sacerdotisa y médium de una religión ocultista denominada Santería. Cookie dejó a mi madre en la zona de espera de la entrada y me llevó a mí a la cocina, donde inició la ceremonia de purificación poniendo perlas de distintos colores en la mesa, cada ristra en representación de uno de los cinco dioses espíritus que gobernaban la religión.

En la cocina, permanecí sentado, hablando con ella hasta que, desde detrás, alguien me puso una venda en los ojos y me condujo hasta una habitación donde me desnudaron y me dieron un baño de hierbas y plantas. Aunque estaba aterrado y tembloroso, conseguí guardar silencio. ¿Por qué no podía estar conmigo mi madre durante este extraño ritual que era aterrador a la vez que humillante? No tenía ni idea de lo que pasaría después.

De repente la alta sacerdotisa y su ayudante empezaron a entonarles cánticos a los cinco dioses principales de la Santería: Obatala, Yemaya, Ochun, Chango y Oya. Aunque no podía ver a causa de la venda, sabía que había dos personas realizando la ceremonia. Algún tiempo después me vistieron de blanco y me llevaron a otra habitación, donde fui ofrecido a los cinco dioses. Me pusieron cinco collares de perlas, cada uno representando el color de un dios en particular. Me dijeron que me inclinara de una cierta manera, que repitiera los nombres de los cinco dioses y que les diera las gracias por recibirme.

Durante el proceso las dos mujeres se convirtieron en mis madrinas en la Santería. Me envolvieron la cabeza con un pañuelo blanco y me dijeron que me vistiera de blanco durante siete días. Finalmente pude regresar con mi madre, pero ya nunca volvería a ser el mismo niño inocente. El mundo de la Santería se había hecho real para mí. Mi vida se veía controlada por los espíritus guardianes que gobiernan el espiritismo y la Santería. Ya no le pertenecería a mi madre sino a increíbles fuerzas que escapaban a mi control, unas entidades que habían venido a llenar el vacío de mi corazón, que ansiaba tener un padre.

A partir de entonces, todos los fines de semana una de mis madrinas me llevaba a un centro espiritista para que aprendiera a trabajar la mesa blanca. Me enseñaron los mejores, personas llamadas médiums que llevaban treinta, cuarenta o cincuenta años dedicadas al espiritismo. En mis visitas semanales a los centros aprendí a realizar hechizos, a ganar nuevos adeptos y a comunicarme con fuerzas espirituales de distinto rango —espíritus que ahora comprendo que eran seres diabólicos, o demonios.

Escuela de brujos

Los centros eran lugares donde lo humano se encontraba con lo sobrenatural de la manera más diabólica, "escuelas" a las que yo iba para aprender a prestarles mi cuerpo a espíritus malignos —a ser poseído por demonios. Unas sesenta personas nos reuníamos en casa de Cookie en una gran habitación del primer piso, con filas de sillas plegables colocadas de cara a la mesa blanca. Mi tía María me llevó por primera vez un viernes en la noche. Al entrar en la habitación, mis ojos tuvieron que ajustarse a la débil luz de las velas, y un escalofrío me recorrió la espalda. Algo en el ambiente parecía indicar que no se trataba de una reunión corriente. La gente estaba parada, hablando en grupos antes del servicio, pero tomaron asiento cuando los seis médiums ocuparon su lugar en la mesa blanca. Echando un vistazo a mi alrededor era evidente que yo era el más joven de los presentes, así que me senté en el centro, intentando pasar desapercibido entre los mayores. Pero era imposible que yo pasase desapercibido esa noche.

—Esta noche tenemos un invitado especial —anunció Cookie, dando comienzo al servicio, vestida completamente de blanco—. Es un nuevo iniciado en nuestra religión. John, ¿puedes venir acá, por favor?

Me tendió la mano con una expresión maternal en el rostro, y no pude negarme, estando delante de todos aquellos adultos que me miraban fijamente. Salí al frente y Cookie me sentó en el extremo de la mesa blanca para que pudiera observar, escuchar y aprender mientras los médiums trabajaban la mesa.

No se permitía que hubiera luz alguna porque los espíritus demoníacos sólo bajan cuando está oscuro, como me había explicado mi tía María. El servicio comenzó alrededor de las nueve. Aquella primera vez yo no tenía ni idea de que no terminaría hasta las cinco de la mañana.

Uno por uno, los médiums realizaron purificaciones, echaron las cartas, e hicieron profecías sobre las personas que estaban allá sentadas y que habían acudido buscando sanidad, orientación o liberación de algún maleficio.

—Presta atención y observa lo que hacen —me susurró Cookie.

Yo asentí con la cabeza, sabiendo instintivamente que debía guardar silencio.

—Permiso de la mesa blanca —entonó de repente—. Veo

Y empezó a proclamar lo que veía en el gran vaso de agua que había en el centro de la mesa, rodeado de velas. Los espíritus le mostraban tanto a ella como a los otros médiums ciertas cosas en el agua, o en su mente, y ellos las proclamaban, dirigiéndose a la persona a que se refería la profecía. Con el tiempo, cobré el valor necesario para empezar a proclamar las cosas que yo también veía en el agua, o las vibraciones y las voces de los espíritus que sobrevolaban alrededor de la mesa.

Los médiums se dirigían a alguna persona en particular, colocando un vaso de agua y una vela detrás de la silla correspondiente.

—Permiso de la mesa blanca; veo a una señora que vive en su casa, de piel blanca y pálida y pelo negro azabache, que le ha lanzado un hechizo a su familia. En este momento vamos a romper el hechizo —afirmó uno de los médiums.

La mujer temblaba ostensiblemente en su silla mientras las lágrimas rodaban por sus mejillas. El médium siguió adelante con su profecía para la mujer a la vez que se preparaba para "captar" al demonio que estaba lanzando el hechizo sobre la familia, atrapándolo en su cuerpo.

De repente, el médium comenzó a gritar como loco, echando espuma por la boca. Los ojos se le pusieron en blanco y estaba casi flotando en el aire cuando agarró a su víctima por el cuello. Los otros cinco médiums que estaban alrededor de la mesa se levantaron y comenzaron a rezar: —Dios te salve, María —al tiempo que rociaban al médium que estaba en la silla con agua bendita.

Uno de ellos tomó una cruz en la mano y confrontó al demonio que estaba atrapado en el cuerpo del primero. Cada vez que el agua bendita le alcanzaba el cuerpo, se agitaba y se contorsionaba. Llegados a este punto, comprendí que el médium estaba en trance. Ya no era él mismo, sino algo diabólico.

—¡No me pegues! ¡Déjame en paz! —gritaba con la voz gutural del espíritu atrapado.

Finalmente, cayó hacia atrás como muerto, gruñendo y haciendo extraños ruidos mientras los otros médiums devolvían al espíritu al infierno.

—Permiso de la mesa blanca —proclamó Cookie una noche, dirigiendo sus oscuros ojos hacia mí. —Veo a uno de los espíritus guardianes más poderosos de todo el espiritismo guiándote y protegiéndote, John.

Sus palabras flotaban en el aire mientras yo esperaba lo que sucedería después.

—Es el espíritu de un jefe indio llamado Tawata —añadió, y en ese momento recordé el collar indio que había caído del cielo tiempo atrás.

Asombrado, a partir de entonces empecé a rogarle a esa nueva deidad especial, *mi* espíritu protector, cada día y en todo momento.

Una noche, en otra reunión, la intensidad del servicio alcanzó un grado electrizante, y me sentí impulsado a observar a una niña de seis años que había venido con su madre. No podía dejar de mirarla. Mis afilados sentidos espirituales captaron una vibración maléfica en el mismo instante en que los médiums de la mesa blanca comenzaron a gritar:

—¡Concéntrense! Esta noche hay un espíritu maligno en el aire y está intentando apoderarse de alguien y llevárselo.

Mientras hablaban, yo sentía la presencia del espíritu intentando agarrar a la pequeña. Ante nuestros atónitos ojos, la niña salió de su asiento, dio un salto, y comenzó a girar, dando vueltas y más vueltas en el aire sin parar durante varios minutos. Los ojos no eran los suyos, las manos no eran las suyas, y los pies no eran los suyos mientras flotaba sin siquiera tocar el piso.

Un poco más tarde, en la mesa blanca, mi tía María se quedó paralizada sin pestañear ni mover ninguna de sus facciones durante más de una hora, como un maniquí. Vestida totalmente de negro esta vez, se vio atrapada en un trance con un demonio que era nuevo para ella. Al terminar el servicio, mi asombro por cómo funcionaba el mundo demoníaco era aún mayor, y comprendí que los espíritus del lado oscuro podían ser muy poderosos y que, además, no respetaban la edad. La pureza le fue arrebatada a esa niña con sólo seis años. Esa noche se convirtió en uno de nosotros y nunca volvería a ser una niña inocente.

Éste es el tipo de vida que viví durante semanas, meses y años. Con frecuencia, al terminar los servicios, algún adulto me llevaba aparte y me sonreía.

—Llegarás a ser alguien importante en esta religión —me decía uno con una mirada de admiración.

—Estamos deseando ver lo lejos que vas a llegar en la Santería —exclamaba otro—. Tendrás un gran poder. Ganarás muchas almas .

Aunque en aquel entonces no comprendía las predicciones, por una vez había encontrado un sitio donde encajaba. Formaba parte de algo grande. Por primera vez en mi vida disfrutaba de la aceptación y el amor que nunca recibí de mi padre. Esperaba con gran ilusión la validación que tendría lugar el viernes siguiente en la noche.

Capítulo 4

El dolor silencioso

El timbre que anunciaba el final de las clases sonó alto y claro a la vez que el profesor pronunciaba las últimas palabras:

—…las notas finales, y que pasen unas buenas vacaciones.

Pero a los alumnos nos daba igual. Éramos libres por dos semanas. Un par de pupitres fueron volcados en la loca carrera hacia la puerta de la clase, y en cuanto llegamos a los pasillos, éstos se vaciaron rápidamente entre gritos de celebración y música de enormes radiocasetes a todo volumen. Era *Navidad*. Nada podía contener nuestro entusiasmo.

—Oye, John, este año me van a regalar cosas buenas. ¿Y a ti? —gritó mi amigo Junebug cuando salimos al frío aire del patio del colegio.

Todos se volvieron para ver cuál sería mi respuesta.

—Hermano, me van a regalar la bici que siempre he deseado y un juego de GI Joe —me jacté, mientras me daba la vuelta y decía para mis adentros: —*Como que me van a comprar esos juguetes.*

Pero mi madre nos había asegurado que mi padre iba a poner de su parte y estar con nosotros durante las Navidades ese año. Incluso nos lo había prometido, así que me permití sentir una chispa de esperanza. Mis hermanos y yo teníamos la sensación de que, por primera vez, íbamos a tener una buena Navidad.

—Hombre, la Navidad es mi fiesta preferida —continuó Junebug—. En mi casa, la Navidad siempre es la mejor época del año; siempre recibimos lo mejor. Mi padre siempre acierta con los regalos.

—¿Sí? Bueno, en mi casa también nos volcamos durante las fiestas —mentí, siguiéndole la corriente.

—Oye, ¿te apetece salir? ¿Quieres ir a la tienda de caramelos?

—No, hombre, tengo que irme a casa. Mis hermanos y yo vamos a ayudar a mi madre a poner luces en la ventana y a decorar el árbol de Navidad que nos va a traer mi padre.

Seguimos hablando de camino a casa, y mientras andábamos, la nieve, marrón por la suciedad del tráfico, crujía bajo nuestros pies. La gente se abría paso a empujones por las calles, con el constante ruido de los carros y las sirenas de policía de fondo. La nieve había empezado a caer de nuevo mientras caminábamos, cubriendo las sucias calles del Bronx con una frágil capa de blanco. A pesar de mí mismo, realmente me sentía esperanzado por la Navidad ese año.

Cuando abrí de golpe la puerta del apartamento, allá estaba el árbol de Navidad, apoyado en un rincón de nuestro pequeño salón, aún envuelto con una cuerda. Mami vino desde la cocina, sonriendo.

—Adivina qué vamos a hacer esta noche, John —me dijo con los ojos brillantes.

—¿Fue Papi quien trajo el árbol? Es un árbol fantástico —exclamé entusiasmado en voz alta, admirando el largo y delgado abeto navideño. —Papi lo trajo como prometió, ¿no?

Los ojos de mi madre parpadearon.

—Por supuesto que esa era su intención, pero ha estado muy ocupado con el taxi, así que lo trajo tu tío Alberto. Es un árbol buenísimo, ¿verdad? Lo decoraremos con luces y adornos y lo pondremos precioso para la mañana de Navidad. Tu padre prometió que estaría aquí este año. Lo recuerdas, ¿verdad? Va a ser una Navidad estupenda, ya verás.

Sentí la punzada de la decepción en mis adentros, pero la aparté de mí, dispuesto a ser feliz por mi madre. Un poco más tarde bajamos la caja de los adornos y las luces del estante del armario. Mis hermanos y yo convertimos ese árbol ordinario en un verdadero árbol de Navidad. En nuestro júbilo infantil, no nos dábamos cuenta de que había muy pocos adornos y luces. Para nosotros, era el árbol de Navidad más hermoso que habíamos visto jamás. Me imaginaba cómo sería despertarme la mañana del día 25, correr por el pasillo al salón y encontrar los regalos apilados bajo las ramas, como en las películas. Después de todo, este año lo había *prometido*.

Los días pasaron rápidamente y de repente ya era Nochebuena. Cuando terminé de ayudar a quitar la mesa, me dirigí a la cocina y me coloqué junto a mi madre mientras ella guardaba los restos de comida en un recipiente.

—¿A qué hora viene Papi esta noche?

Observé su cara y esperé a ver su reacción. Después de una pausa más larga de lo normal, me dijo:

—No estoy segura, pero estará acá en la mañana.

Me sonrió y guardó el recipiente en la nevera.

—Y traerá los regalos que prometió. Tú y tus hermanos van a tener juguetes con los que jugar mañana.

—Está bien —dije, esbozando una débil sonrisa.

Esa noche me asomé a la ventana de mi cuarto y miré a las estrellas, rogándole al único dios que conocía, al espíritu indio que me había dado mi collar protector.

—Tawata, por favor, permite que mi padre venga a casa por Navidad, como prometió. —Cerré los ojos con fuerza y acaricié el collar—. Por una vez, permite que aparezca.

En casa por Navidad

La grisácea luz del alba se asomaba por las rendijas de la persiana, señalando el inicio de un nuevo día. Mi mente soñolienta sólo tardó un minuto en darse cuenta ¡Navidad! Aparté las cobijas para despertar a mis hermanos. Salimos disparados por el pasillo y entramos corriendo en el salón.

—¡Ha venido Santa Claus! ¡Ha venido, ha venido! —gritó Julio, saltando y metiéndose debajo del árbol para ver los cinco regalos que había allá. George y Eustaquio se lanzaron tras él. Yo no quería estropearles la ilusión de Santa Claus a mis hermanos pequeños, así que les seguí la corriente. Mi corazón latía lleno de ilusión de pensar que había venido, o mejor, que había cumplido. Mi padre había venido a casa por Navidad y había comprado regalos para la familia.

—Esperen a papá antes de abrir los regalos —dijo mamá al entrar en la habitación, probándose su bata nueva.

—Allá están los juguetes. Tómenlos y no lo desordenen todo —exclamó nuestro padre con su voz resonante desde la puerta del salón. Hablaba con frialdad y con una sonrisa fingida en los labios—. Asegúrense de dejarlo todo recogido.

—Feliz Navidad, hijos —dijo mamá mientras se inclinaba para darnos un beso en la mejilla a cada uno—. Voy a preparar el desayuno.

Mi padre se sentó en el sofá y abrió una cerveza —"desayuno en lata", como lo llamaba uno de los muchachos del barrio. Le dijo a uno de mis hermanos pequeños que esperara hasta que nos hubiera pasado a cada uno el regalo con nuestro nombre. Yo sabía que quería hacer lo que hacen los padres, y eso estaba bien. Era bueno verlo en casa con nosotros por fin después de tantas Navidades ausente.

—Toma, John.

Mi padre me dio un pequeño regalo envuelto en papel navideño. Era demasiado pequeño para ser un GI Joe, pero no me importó. Empecé a abrirlo y miré a mi madre, que estaba en la cocina. Me sonrió desde la estufa y el olor de los huevos que estaba friendo llegó hasta el salón.

Mis dedos se esforzaban por abrir el regalo, pero el papel estaba muy bien pegado.

—Ven, estúpido, déjame a mí —exclamó mi padre, arrebatándome el regalo de las manos—. Qué tipo de niño no puede ni siquiera abrir su propio regalo de Navidad. Ay-ay-ay

Hizo un gesto con la mano como si fuera a darme una bofetada.

El alma, tan llena de gozo por ver a mi familia reunida en un día especial, se me fue a los pies. Con su cruel sarcasmo, mi padre había matado cualquier espíritu navideño que residiera en el hogar de los Ramirez.

Ni siquiera recuerdo cuál fue mi regalo esa mañana de Navidad —cualquier tontería que mi padre había comprado en la tienda Cheap Charlie's— pero eso era lo de menos. Ese momento de crueldad lo había estropeado todo.

Unos días después de Navidad, con mi padre ausente de nuestras vidas de nuevo, cuando bajaba por las escaleras del edificio divisé dos GI Joes nuevecitos en un escalón. Seguro que uno de nuestros vecinos estaba jugando con sus nuevos juguetes cuando lo llamaron para cenar. Tomé los muñecos, me los metí debajo de la camisa y salí corriendo a casa de mi tía, donde podría jugar con ellos sin ser visto. Yo codiciaba esos juguetes, y deseaba tan desesperadamente, y a cualquier precio, tener un GI Joe —sentirme como un niño normal— que aparté de mi conciencia los pensamientos que insistían en que lo que había hecho estaba mal.

Cuando, unos días después, un vecino me preguntó si había visto sus muñecos, mentí y le dije que no. La conciencia me acusó una vez más, pero nunca confesé mi culpa. Aunque mi madre nos había enseñado a no mentir ni robar, en ese momento no me importaba el precio que tendría que pagar ni la paliza que recibiría si mi madre llegaba a enterarse de la verdad.

El falso penitente

Los años se sucedieron con mi padre entrando y saliendo de nuestras vidas y mi cuerpo cambiando de manera asombrosa. De repente mi voz se volvió una octava más grave y desarrollé músculos que antes no tenía. El reflejo en el espejo del baño mostraba a un joven al que le crecía pelo oscuro en la barbilla y en el labio superior.

Para cuando cumplí los trece años, mi experiencia con la Santería había alcanzado niveles nuevos. Estaba aprendiendo a controlar a los espíritus para que obedecieran a mis deseos, y las personas que visitaban los centros solían buscarme para que les leyera las cartas, reconociendo que yo tenía un don especial para romper hechizos y para adivinar el futuro con total certeza. Sin embargo, aun habiendo avanzado tanto en el mundo de la brujería, seguía siendo un niño que ansiaba el amor de un padre —un padre terrenal con el que no podía contar para nada.

Aunque mi padre apenas estaba en casa, nos llegaban las historias de sus aventuras, y cada nueva historia hacía retorcerse un cuchillo en mis entrañas. Una noche estaba con varios hombres en casa de su amigo Manuel, bebiendo y escuchando música. En algún momento de la noche, ya tarde, después de que se fueran los demás, él y Manuel empezaron a discutir sobre quién era mejor hombre de los dos, comparándose con respecto a las mujeres, al dinero y a quién tenía mejor carro. La discusión fue creciendo, y de repente mi padre saltó de su asiento y agarró a Manuel por la garganta, asfixiándolo. Manuel, morado por la falta de aire, buscó en su bolsillo trasero, sacó una navaja de unas ocho pulgadas, y se la clavó a mi padre en el estómago.

Después llamó a urgencias y le explicó a la policía que mi padre había ido a su casa en busca de pelea y que él se había visto obligado a apuñalarle en defensa propia. Mi padre fue llevado al hospital en una ambulancia.

Yo nunca fui testigo de ninguna pelea de mi padre. Lo que hacía en la calle, lo hacía en la calle, pero a medida que pasaba el tiempo, se iba poniendo peor. Bebía, fanfarroneaba, y se metía en encendidas discusiones que acababan en peleas callejeras. Más de una vez recibió una paliza y tuvo que ir al hospital de nuevo. Cuando lo visitábamos, le prometía a mi madre que iba a cambiar. Anunciaba de manera dramática, casi patética, y con mucho esfuerzo debido a las heridas, que iba a dejar de beber y de liarse con otras mujeres. Casi parecía que estaba arrepentido. ¡Y todos teníamos tantas ganas de creerlo!

—¡Esther, oh Esther, por favor, perdóname! Dame otra oportunidad —tosía y rogaba, casi sin aliento, agarrando la mano de mi madre.

Mis hermanos y yo, parados a un lado de la cama, observábamos la embarazosa escena. Una vez incluso le besó la mano y el anillo de matrimonio.

—Te compensaré por todo lo que te he hecho— le juró mientras una lágrima corría por la barba que empezaba a crecer en su mejilla. Fue la única vez que vi verdadera ternura en él.

En el fondo, yo sospechaba que sus acciones se debían a que se encontraba en el hospital y le daba miedo morir, no a que sintiera verdadero amor y preocupación por mi madre. Porque cuando se ponía mejor y quería volver a ser lo que era, tan pronto como sanaban sus heridas, se le veía en los ojos que estaba tramando nuevos planes, incluso desde la cama del hospital.

Durante esos momentos, cuando estaba a punto de salir del hospital, el comportamiento arrepentido de mi padre cambiaba delante de nuestros propios ojos. Estaba sentado en la cama, bien peinado, con el pelo brillante, recién afeitado, y oliendo a perfume, disfrutando de recibir toda la atención. En ese momento ciertamente no me parecía enfermo ni herido. Y yo me daba la vuelta y miraba por la ventana del hospital, escondiendo las lágrimas.

Por supuesto, cuando salía del hospital no cambiaba nada. Si acaso, salía y bebía aun más, convirtiéndose aquello en una obsesión incesante. Hay un refrán que dice que "a cada cerdo le llega su San Martín", y es triste que eso se aplicara a mi propio padre, pero su comportamiento había alcanzado un extremo incontrolable. No podía contener ni sus deseos carnales más desmedidos, aunque eso supusiera hacerles daño a las personas que tenía más cerca.

Adiós, padre mío

Una noche mi padre había salido a beber con un amigo en su club preferido. Todos los barrios pobres tenían un club como aquel, un local para adultos donde fluía el alcohol y florecían las infidelidades. Yo sólo supe los detalles de esa noche después, pero me contaron que estaba pasando un buen rato con una camarera, una de sus muchas amantes. Ella le servía la bebida y los dos coqueteaban con susurros, risas y palabras dulces. Parece que eran amantes desde hacía algún tiempo, y mi padre derrochaba el tiempo, el dinero y la atención en esta chica alegre que se había convertido en una de sus novias especiales. Los testigos dijeron que ella llevaba un top escotado, una falda bien ajustada y medias de red. Había estado bailando como borracha, tambaleándose con sus tacones, media hora antes de que mi padre entrara en el club.

Mientras coqueteaban y se reían, llegó un hombre, desconocido para mi padre, que se puso rojo de ira cuando reconoció a la mujer que estaba con mi padre. El desconocido los observó coquetear, se enfureció y empezó a pelearse con el amigo de mi padre. Dándose cuenta de la confrontación, el gran Eustaquio saltó de su asiento para gritarle al desconocido y defender a su amigo.

Seguro que mi padre sólo pretendía asustar al desconocido con su "mirada asesina", o con un puñetazo defensivo si hiciera falta. En el peor de los casos, tendría que pasar por otra estancia en el hospital, pero de cualquier modo acabaría siendo el héroe de la camarera y retomarían su relación.

Pero el airado desconocido tenía algo final en mente. Sin previo aviso, en medio de la creciente discusión, sacó una pieza de metal gris de su chaqueta de cuero negro. Sin pestañear, el desconocido apretó el gatillo y le disparó a mi sorprendido padre en la cara. La bala le entró en el cerebro por encima de la ceja, matándolo al instante. El bar se convirtió en un auténtico pandemónium, y el hombre, aprovechando la oscuridad para huir, desapareció.

Esa noche, en nuestro apartamento, alguien golpeó la puerta con fuerza como si estuvieran intentando derribarla. Cuando mi madre abrió, una de las hermanas de mi padre entró gritando histérica: —¡Eustaquio está muerto! Le han disparado ¡Está muerto!

Como yo era el mayor, mi madre me agarró y fuimos corriendo al club, que se encontraba a una cuadra. Esa noche llovía como nunca antes había visto, de una manera muy misteriosa. Parecía que el cielo estaba llorando y el firmamento estaba de luto. Las gotas eran pesadas y duras como monedas de cincuenta centavos cayendo desde el cielo. Llovía sin parar. Mi madre y yo nos detuvimos delante del club, fríos y mojados, mientras el cuerpo de mi padre yacía dentro de la humeante habitación. Mientras miraba la multitud de policías y curiosos que rodeaba la zona, me pregunté por qué lloraba Dios. ¿Era porque mi padre había perdido la oportunidad de ir al cielo? Me quedé allá parado, temblando, no sólo por la fría lluvia, e intenté hacer que me brotaran las lágrimas, pero mis ojos y mi corazón estaban vacíos.

Capítulo 5

Pesadilla en la Avenida Crotona

Cuando mi padre murió, yo tenía trece años, una edad muy delicada para un muchacho cuyos pensamientos, intenciones y hormonas estaban cambiando. Ahora, además, debía enfrentarme a los sentimientos contradictorios que tenía con respecto a la muerte de mi padre. Todos los pensamientos negativos que tenía hacia él inundaban mi mente. Durante una temporada, todas las veces que le había deseado la muerte volvían para acusarme porque ahora estaba muerto.

Al principio me sentía culpable por lo que había pensado antes de su muerte, pero poco después, al darme cuenta de que ya no tendría que tratar con él nunca más, un alivio incontenible sustituyó al sentimiento de culpa, y no sentí tristeza alguna. Empecé a pensar que la muerte de mi padre había puesto fin a la angustia de mi familia, y mis endurecidos pensamientos intentaron borrarlo de mi memoria. Mi constante deseo, su muerte, por fin se había hecho realidad. En aquel momento creí que el tormento y el infierno se habían acabado.

Más tarde entendí que las cicatrices sólo cubrían mis propias heridas internas, las cuales continuarían acechándome. La muerte de mi padre me ayudó a comprender que las heridas psicológicas que él me había producido me llevaban por un camino de destrucción que alteraría mi rumbo y me cambiaría la vida.

Los años siguientes pasaron en una neblina de luchas constantes que mi madre, mis hermanos y yo tuvimos que afrontar en nuestras vidas intentando mantenernos a flote. El año después de cumplir los dieciséis, por fin nos pasó algo bueno; 1980 resultó ser nuestro año de la suerte. La hermana de mi madre vivía desde hacía mucho tiempo en una bonita zona del Bronx llamada East Fordham Road, y el propietario le había prometido que el próximo apartamento que se quedara libre en el edificio sería para nosotros. Gracias a la intervención de nuestra tía, conseguimos el precio justo en el momento adecuado, y Mami había ahorrado lo suficiente de los cheques de la Seguridad Social de mi padre para que le salieran las cuentas. Por primera vez tuvimos la oportunidad de mudarnos al lado bueno de la ciudad.

Un trozo de paraíso

Fordham Road era como yo siempre había imaginado que serían los barrios "de verdad": calles limpias y cuidadas, con tiendas recién pintadas —Woolworths, grandes almacenes Alexander, droguerías, tiendas de comestibles, un cine RKO, un cine Valentine, bellos edificios residenciales y —quizá lo mejor de todo— nada de graffiti garabateado en todo lo que se veía. Era una comunidad vibrante y animada y nos sentíamos orgullosos de ser parte de ella. Sin embargo, la nuestra era sólo la quinta familia hispana que se mudaba a la zona, y eso hacía que mis hermanos y yo no supiéramos cómo tratar a los niños del barrio. Para nosotros era todo un choque cultural.

Llegó un momento en que tuvimos problemas con los muchachos blancos de la zona, muchos de los cuales eran racistas y querían pegarnos. Durante la primera semana que pasamos allá, actuaban como si quisieran iniciar una pelea. Cada vez que salíamos a la calle intentaban obligarnos a volver a entrar en el edificio en que vivíamos.

Un día, cuando mis hermanos y yo nos dirigíamos a la tienda de dulces de la esquina, los muchachos blancos, que estaban en la puerta, empezaron a provocarnos, intentando tendernos una trampa.

—¡Oye, sudacas! —gritó uno de los muchachos—. Vamos por ustedes. ¿Acaso creen que pueden llegar a este barrio y ocupar nuestro territorio como si nada?

El grupo de jóvenes avanzó hacia nosotros, formando un semicírculo para acercarse desde los dos lados.

Me volví hacia mis hermanos y grité: —¡Corre, Julio! ¡Corre, George! ¡Corran tan rápido como puedan!

Mis hermanos y yo salimos corriendo —era la tercera vez en una semana que pasaba lo mismo, y nos fuimos sin poder entrar en la tienda de caramelos.

Nuestro tío Jimmy, antiguo miembro de la pandilla de los Reapers, decidió intervenir en nuestra defensa y arreglar las cosas, así que fue a hablar con los gamberros blancos del barrio. Yo me enteré después, cuando esa noche, en nuestro apartamento, presumía de cómo los había asustado.

—Oigan —exclamó Jimmy, dando puñetazos al aire para conseguir exagerar el efecto—. Les doy un ultimátum: o dejan a mis sobrinos en paz o encontrarán pelea. Pero pelea de verdad. Si son tipos duros y quieren pelear de verdad, puedo venir con algunos amigos del Bronx del Sur y darles lo que buscan. Díganme qué hacer. Podemos firmar la paz, o empezar una guerra.

Los muchachos blancos decidieron firmar la paz. Una sabia decisión, sin duda. Con el tiempo nos hicimos amigos de la mayoría de ellos y nos reíamos del enfrentamiento inicial.

Al no existir una figura paterna en la familia, con tan sólo dieciséis años, como era el mayor, empecé a convertirme en el hombre de la casa. Era muy joven para cargar con tanta responsabilidad, pero quería asegurarme de que nuestras vidas siguieran adelante en este nuevo lugar con mejores perspectivas. La madre de mi mejor amigo me consiguió trabajo en un supermercado después de la escuela, embolsando los comestibles y llevándolos a domicilio. Meses después, un amigo del barrio me ofreció un trabajo a tiempo parcial en una tienda para niños. Era una oportunidad de ayudar más a mi madre. Le daba a ella la mitad de lo que ganaba y guardaba el resto.

En Fordham Road la vida nos iba bien, y lo mejor de todo era que teníamos un parque de verdad para jugar al béisbol; ya no teníamos que lanzar la pelota en sucios solares vacíos llenos de cristales rotos y piezas de carro oxidadas.

La furia de un demonio

Una soleada tarde de verano, mis hermanos y yo tomamos nuestros guantes y la bola de béisbol y nos dirigimos al parque a jugar. Como seguidor de "la religión" hacía años que había aprendido las leyes del mundo espiritual y sabía que espíritus diferentes gobernaban sitios específicos. Cada vez que entraba en el parque debía cruzar los brazos sobre el pecho para rendirle tributo a los espíritus demoníacos que gobernaban aquellos cerros y bosques. Mis hermanos siempre se quedaban parados llenos de asombro y miedo, asegurándose de que yo entrara en el parque con reverencia, porque de no ser así, temían que nos pasara algo malo tanto a ellos como a mí. Pero ese día yo tenía otras cosas en la cabeza y pasé por la cancela tranquilamente sin pararme a presentar mis respetos. Sentí en la conciencia el peso de esos demonios cerniéndose sobre mí, esperando que les presentara mis respetos, pero los aparté de mi mente.

—¡Oye, John! —exclamó Eustaquio—. ¿Te olvidaste?

—¿Olvidarme de qué? —le solté—. Vamos a jugar al béisbol para eso vinimos.

Mi hermanito parecía inquieto, sabiendo que me tomaba mis rituales de brujería muy en serio.

—De acuerdo. Sólo te estaba avisando. Nada más.

No le hice caso.

—No te preocupes. Vamos, empecemos el juego.

Nos juntamos con algunos chicos más y decidimos jugar un partido de verdad. Algunos de sus amigos se sentaron en las gradas a ver el juego. Resultó ser un partido de béisbol que nadie olvidaría jamás.

A mitad del juego el cielo se oscureció, cubriéndose de nubes de tormenta. No dejábamos de mirar hacia arriba, sorprendidos de ver el cielo cambiar tan repentinamente del brillo del sol a la oscuridad.

—¡Vamos, jueguen! —gritó alguien desde las gradas. —No se preocupen por el tiempo. Están a un golpe de conseguir esta entrada.

—¡Batea, batea! ¡Golpea la bola! —exclamó otro.

Una violenta ráfaga de viento recorrió el parque, doblando las ramas de los árboles mientras éstas se rozaban las unas contra las otras. De repente el cielo se abrió con un relámpago seguido del estruendo de un trueno tan fuerte que hizo temblar la tierra bajo nuestros pies. Alguien gritó.

—¡Ah! ¿Has visto eso? —exclamó el lanzador, pero su voz se vio ahogada por otro relámpago que cayó sobre el gran roble que quedaba cerca del cuadro. Oímos la corteza del tronco del árbol resquebrajarse mientras un miembro del otro equipo corría hacia la segunda base.

Para entonces el viento soplaba aún más, aullando y azotando nuestras caras y volándonos las gorras. Sabía que no faltaba mucho para que empezara a llover, y eso pondría fin al juego de inmediato.

—¡Dale un buen batazo, dale un buen batazo!

Todos sentíamos la adrenalina del momento. El partido estaba empatado; una carrera más le daría la ventaja al equipo contrario. Entre tanto, parecía que en el cielo sobre nuestras cabezas y sobre los contorsionados árboles que nos rodeaban se habían abierto las puertas del infierno.

¡Crack! El siguiente bateador dio un fly, pero nuestro jardinero no pudo atrapar la bola y fue corriendo detrás de ella. El bateador salió disparado, gritándole al jugador que estaba en la segunda base que siguiera hasta home.

—¡Un cuadrangular, un cuadrangular! —repetían sus compañeros.

El que estaba en la segunda base pasó por la tercera y se tiró al home plate, pero justo entonces se le dobló la pierna. Quedó en una posición contranatural que me di cuenta de que se la había roto incluso antes de oírlo gritar.

Al instante un grupo de muchachos rodeó al chico que se retorcía de dolor junto al home. Entre el estruendo de los rayos, el cielo se abrió, dando rienda suelta a un torrente de lluvia sobre el parque.

—¡Vámonos de aquí! —gritó un muchacho, mirando hacia el embravecido cielo.

Él y otro del equipo se llevaron al herido, encorvando la espalda para protegerse de los latigazos de la lluvia. Los espectadores salieron corriendo buscando refugio en sus carros o bajo las carpas de la zona de picnic, y las gradas se quedaron vacías.

Mis hermanos y yo observamos en silencio cómo se vaciaba el parque. Para entonces todo estaba sombrío y oscuro, como si la noche se hubiera adelantado ese día. El miedo se había apoderado de nosotros y el corazón nos latía a toda velocidad porque sabíamos que estaba ocurriendo algo sobrenatural. Todos lo sentíamos.

Eustaquio me echó una mirada feroz.

—¡Te lo dije! Es culpa tuya. Sabía que debías haber hecho lo que tenías que hacer al entrar en el parque. ¡Tendrías que haber presentado tus respetos! ¡Mira lo que ha pasado! Es culpa tuya.

Julio y George me miraron hoscamente. Sabía que Eustaquio llevaba razón. Mi arrogante actitud había provocado el enojo de los espíritus ese día.

—¡Lo siento! —exclamé dirigiéndome a los cielos—. ¡Lo siento, lo siento!

De vuelta a los barrios bajos

Las bonitas calles de East Forham Road no duraron mucho. La Seguridad Social de mi padre se terminó después de dos años y perdimos esos ingresos, lo cual causó un cambio total que obligó a mi familia a regresar a los barrios bajos. Nos despedimos de East Fordham Road y en 1982 nos mudamos a los residenciales públicos de la Avenida Crotona. Comparado con East Forham Road, mudarse a la Avenida Crotona, uno de los barrios mas peligrosos del sur del Bronx, era como irse a vivir al infierno, pero era el infierno en la tierra.

Hasta el barrio parecía sufrir dolores debido a la corrupción y a los edificios ruinosos, donde todas las paredes de cemento estaban cubiertas de graffiti. La pobreza se podía tocar en aquel lugar, y la delincuencia parecía flotar en el aire e impregnarlo todo, haciéndose notar de manera incesante. Al lado mismo de la tienda de la esquina, el pequeño restaurante de comida china para llevar parecía como un Fort Knox en miniatura. Cuando iba por comida china, uno nunca sabía si se dirigía a por comida o iba al banco debido a todas las barras que lo rodeaban. Allá jugábamos al béisbol y al fútbol en el patio del colegio, que estaba hecho de cemento. El exuberante verde del Bronx oriental se nos había terminado.

Vivíamos a una cuadra del Zoo del Bronx, y a veces me preguntaba si no deberían enjaularnos a nosotros y soltar a los animales. La ira, la frustración y la rebelión contenidas de las personas que vivían en ese barrio eran contagiosas y nosotros fuimos infectados. A veces había asesinatos a las dos de la tarde en plena calle. Sin previo aviso, pasabas junto a la escena del crimen de camino a la tienda, y veías la cinta adhesiva que la policía había colocado bordeando la esquina. O peor todavía, vislumbrabas el cuerpo de un joven cubierto con una sábana blanca al que sólo se le veían los tenis.

Durante las primeras semanas que pasamos allá, lo único que hicimos mis hermanos y yo fue meternos en peleas con otros muchachos. En un barrio tan duro como aquél, siempre había alguien que quería probarte y ver de qué estabas hecho, y a mis hermanos y a mí nos probaban con frecuencia. Al llegar a casa de la escuela nunca le contábamos las peleas a nuestra madre porque sabíamos que se preocuparía. Intentábamos por todos los medios ocultarle los cortes y moretones, inventándonos pobres excusas de por qué nuestro cuerpo llevaba marcas de violencia callejera. Llegó el momento, por fin, en que los gamberros del barrio se cansaron de pelear con nosotros y se hicieron amigos nuestros. Pero ser sus amigos era peor que ser sus enemigos, porque entonces participábamos en todas las gamberradas que hacían con el fin de integrarnos. Había algunos muchachos buenos en el barrio, pero no eran *cool* como nosotros, y con el tiempo, los padres se iban a vivir a otro sitio para no perder a sus hijos o ver cómo acababan en la cárcel.

Mis hermanos y yo sabíamos que no había salida para nosotros, así que nos adaptamos al ambiente de tráfico de drogas, tiroteos, atracos, apuñalamientos, y muerte, cosas que ocurrían todos los días, pero nos juntábamos con compañeros de la escuela que vivían en barrios mejores. La violencia en nuestro barrio estaba fuera de control. Una vez se vio involucrado un amigo mío que era muy conocido entre los traficantes de la zona. Estaba en su carro, parado en un semáforo, cuando dos tipos se le acercaron en una motocicleta. En un visto y no visto, una ráfaga de balazos cayó sobre el carro, sesgando su vida antes de tiempo. La noticia me conmocionó. ¿Quién habría pensado que su vida se acabaría mientras esperaba en un semáforo? Pero así era la vida en aquel barrio: vivo hoy y muerto mañana.

Gusto por la sangre

Un día, mi hermano George subió corriendo a nuestro apartamento, se encerró en su habitación y no salió durante dos días. Cuando por fin lo hizo, empezó a caminar por el pasillo como un animal enjaulado. Vi en sus ojos una mirada enloquecida que me hizo pensar que algo no andaba bien.

—¿Qué pasa, George? ¿Por qué te comportas de esa manera tan extraña? Cuéntamelo —le dije con voz severa.

George evitó mirarme a los ojos y continuó caminando.

—No es nada, hombre. Olvídalo.

—Te he dicho que me lo cuentes. Quizá yo pueda ayudarte.

Mi hermano resopló con desdén.

—Nadie puede ayudarme a salir de ésta, hombre. Es que tengo problemas con los tipos de la esquina por un dinero que dicen que tomé. Me echan a mí la culpa, pero yo no he hecho nada. Me están persiguiendo como a un animal.

Sus palabras hicieron reacción en mi cerebro, y la ira me consumió. Entonces fui yo el que empezó a caminar de un lado para otro.

—¿No te dije que no te juntaras con esos traficantes? —le grité. Voy a tener que acabar yendo a tu funeral. Eres un fracasado, igual que papá.

—Sí, bueno, de una manera o de otra todos somos unos fracasados —contestó George.

A la mañana siguiente, George por fin decidió salir de casa. Cuando se acercaba a la esquina del edificio en que vivíamos, un tipo saltó de un carro que estaba estacionado y salió corriendo tras él. Mientras mi hermano daba la vuelta, el tipo le disparó cinco veces. Ninguna de las cinco balas le alcanzó. Al enterarme de lo que había pasado, supe que los demonios a los que yo servía habían protegido a mi hermano. En ese instante también comprendí que la misión y la tarea que se me había encomendado desde el infierno no era quedarme a un lado y ver a mi hermano acabar en el cementerio, sino meterlo en la cárcel, donde estaría a salvo. Ese día aumentaron mis poderes en el mundo demoníaco, y me propuse firmemente destruir la vida de la persona que intentó matar a mi hermano.

Desafié al diablo, gritando en voz alta: —¡Más te vale hacer algo, o si no ! ¡Más vale que esa persona muera! ¿Me oyes?

Su respuesta vino a tranquilizar mi espíritu: —Descargaré mi furia y mi enojo sobre esa persona, y tú te enterarás de todo. Entonces sabrás que realmente soy tu padre.

Unas semanas más tarde, la persona que intentó matar a mi hermano fue asesinada en la calle como lo que era, un perro.

Lamentablemente, los traficantes trabajaban en grupo, y yo sabía que el muerto tenía amigos que aún querían su dinero —o la vida de mi hermano. La prisión era el lugar más seguro para él, así que convoqué a los demonios para preguntarles qué debía hacer para ponerlo allá. Los demonios me enviaron a las cuatro esquinas del barrio para recoger tierra del lugar donde mi hermano solía reunirse con aquellos tipos.

Fui a por cuatro gallos y les corté la cabeza porque necesitaba sangre sacrificial para tener poder para lanzar un hechizo sobre mi hermano. Sentí placer al cortarles la cabeza a los gallos, imaginando que eran los enemigos de mi hermano. Luego escribí su nombre en el interior de una bolsa de papel marrón, la doblé y la metí en una botella oscura con la tierra de las cuatro esquinas. Para terminar, se la ofrecí al diablo y la coloque en el caldero —una olla de hierro fundido donde se reunían el diablo y sus demonios. Me sentía extrañamente excitado por la matanza mientras observaba la sangre de los gallos gotear desde el cuello, y sabía que mis poderes seguían creciendo. Antes de veinticuatro horas, mi hermano George ingresó en prisión.

Pero no todas las personas que yo conocía escapaban de la muerte con tanta facilidad. Varios meses después, dos primos que se ganaban la vida vendiendo droga se metieron en una lucha territorial que acabó en un baño de sangre. A uno de ellos se le daba mejor lo que hacían que al otro. Una noche, ya tarde, Gary decidió conseguir algo de dinero extra mientras su primo Ron estaba fuera de la ciudad. Decidió entrar en el territorio de Ron y venderles droga a sus clientes. Para sorpresa de Gary, de repente un taxi se paró en la acera y Ron se bajó de él. Cuando Ron vio a Gary, sacó su pistola de 9 milímetros y disparó, acribillando a Gary a balazos hasta que éste se desplomó en el piso. Ron cruzó la calle y lo remató.

Por la mañana temprano uno de mis hermanos subió corriendo y nos lo contó. Tan pronto como lo escuché, me dirigí sin perder ni un minuto al lugar donde había tenido lugar la reyerta. Había un puñado de carros de policía bloqueando la escena del crimen, pero a través del enjambre de agentes y personal médico pude ver las manchas de sangre en el piso.

Por muy extraño que parezca, lo único que pensé en ese momento es que se había desperdiciado toda esa sangre, que yo podía haber utilizado para mi brujería. ¡Cómo lamenté no haber estado allá para recoger toda aquella sangre antes de que se desparramara por el asfalto!

Capítulo 6

Una noche de vudú

El diablo quería más de mí. Aunque yo llevaba casi diez años ejerciendo de brujo, había llegado el momento de ir más allá. Fuerzas invisibles me empujaban a nuevos niveles de mal de los que sólo había oído hablar. Escuchaba voces, y mis horas de conciencia y de sueño se confundían en visiones extrañas. Satanás me estaba recordando que tenía un contrato que cumplir y que yo le pertenecía.

Una noche me quedé dormido y me sentí llevado a un sueño muy raro. Parecía más real que la realidad que veía cuando estaba despierto, y no sabía si estaba soñando o si estaba allá de verdad en ese momento. Me desperté con un sudor frío, salí de la cama de un salto y miré por la habitación con la respiración entrecortada. No había nada extraño. Miré a mi alrededor y vi a mi hermano George dormido en su cama. Los sonidos normales de la noche del Bronx se filtraban por los sucios cristales de la ventana. Decidí que había sido una pesadilla, volví a meterme debajo de las cobijas y me quedé dormido enseguida. Esta vez me encontré junto al océano, y Madre Agua —el espíritu que gobierna el océano— me hablaba desde la orilla. Escuchaba el sonido de las olas apresurándose hacia ella y luego volviendo al mar. El cielo estaba iluminado por un millón de estrellas parpadeantes. Cuando habló, su voz resonó en mi espíritu:

—Yo soy tu madre en la religión. Soy la que te guardará y te protegerá. Tienes que salir y traer a otras personas a la religión para que tengas tu propio pueblo. Tú has sido elegido y llamado para eso.

Madre Agua estaba allá, alta y serena, con el fondo azul del agua cristalina, flotando por encima de la tierra con un vestido blanco transparente que fluía mucho más allá de donde deberían estar sus pies. Llevaba un collar en el cuello hecho de conchas, y su largo pelo negro se movía con el viento, enmarcando su angélica cara. Pero a pesar de su belleza yo sentía que era peligrosa y que no le tenía miedo a nada.

—Gracias por tu bendición, gracias por revelarte a mí —tartamudeé—. Intentaré por todos los medios llevar a cabo aquello para lo que he sido llamado.

Al instante me desperté, sobresaltado una vez más por el extraño, vívido sueño, sin saber dónde estaba e intentando poner en orden mis pensamientos. Cuando mis ojos consiguieron distinguir los muebles del cuarto, noté algo curioso: aunque estaba en casa, en la cama, todavía percibía el olor a sal del agua del mar. Había sido muy real.

Me sentí empujado al sueño otra vez, y esta vez me desperté en lo alto de una montaña en lo más profundo del bosque. Árboles altísimos me rodeaban por todos lados, y sentía el esponjoso suelo del bosque bajo mis pies. Frente a mí, entre dos árboles, vi el espíritu de un gran jefe indio que medía unos nueve o diez pies. Nada más verlo supe que era Tawata, mi espíritu protector principal, el que me había lanzado el collar de cuentas desde el cielo cuando tenía nueve años.

—Padre mío —exclamé al instante, sobrecogido por su presencia—. ¿Qué significa todo esto?

El gigantesco espíritu me observó durante unos segundos antes de hablar.

—Has sido llamado al mundo del espiritismo, y yo seré quien te guíe hasta donde ningún otro ser humano ha llegado jamás. Tendrás mis poderes para hablarle a la gente de su vida, su destino y su propósito. Es hora de ponerse en marcha.

Carne quemada

Animado por aquellos extraños pero poderosos sueños, comencé a asistir aún con más frecuencia a las reuniones ocultistas, incluidas las fiestas que se celebraban en los centros en honor de los demonios que nos concedían nuestros poderes. Estas celebraciones festivas se parecían a fiestas de cumpleaños, excepto que no tenían nada de inocentes. Lo que ocurría en aquellas celebraciones era el mal en su esencia. Una de las iniciaciones más demoníacas del espiritismo eran las quemaduras de cigarro.

Un viernes en la noche, después de las doce, mi tía María fue poseída por un espíritu que se llamaba a sí misma la madre de Haití, el principado que protege Haití. Hablando a través de mi tía, el espíritu demoníaco pidió ron oscuro y un cigarro. Alguien le trajo el licor en una cáscara de coco, y mi tía encendió el cigarro y le dio unas pitadas hasta que el carbón se puso incandescente. Con un oscuro propósito reflejado en los ojos, mi tía María llamó a tres personas para que salieran al frente. Yo era una de ellas. En su lengua demoníaca anunció:

—Esta noche vamos a ver quién nos pertenece de verdad. Esta ceremonia lo determinará.

El cigarro continuaba poniéndose cada vez más rojo. Las otras dos personas, un hombre y una mujer mayor, fueron primero. Al hombre le dijeron que se levantase la parte de atrás de la camisa. Se arrodilló en el piso delante de mi tía y ella le hundió el cigarro en la piel desnuda de la espalda. El hombre gritó como alguien atrapado en el infierno mientras ella le marcaba la espalda en varias partes, y finamente se desmayó.

Temblando de miedo, la mujer fue la siguiente en pasar adelante. Mi tía María le ordenó que cerrara los ojos y extendiera el brazo. Cuando mi tía hundió el cigarro en la muñeca de la mujer, ella también gritó y se desmayó.

Por último, se acercó a mí y me dijo que extendiera el brazo y que cerrara los ojos. Con el brazo extendido, sentí el calor del cigarro acercándose a mi piel como una antorcha encendida. Apretó el carbón incandescente contra mi brazo y lo mantuvo así, quemando mi piel. Yo apreté los dientes y cerré los ojos con fuerza, dejando que el cigarro se quedara en mi piel porque sabía que ése era mi llamamiento. Superé el dolor y el olor de mi propia carne quemada, y esa noche supe que era uno de ellos.

—John —me llamó mi tía cuando me iba a casa.

Con un gesto me pidió que saliera al pasillo, apartado de las demás personas.

—Hay una reunión secreta el lunes en la noche, y quiero que vayas —dijo en voz baja—. Sólo los que han superado la prueba pueden asistir, y esta noche tú lo has hecho.

—¿Qué tipo de reunión es?

—Es un encuentro para médiums de alto rango en la religión. Nos reunimos para planear el próximo año, para descubrir qué principados van a gobernar cada región. Además, vamos a castigar a aquellos que se han atrevido a ponerse en contra de nosotros —dijo con una diabólica sonrisa en los labios. Entendí que había empezado la guerra.

Durante los días siguientes me dediqué a mis asuntos con la expectación de lo que ocurriría el lunes en la noche. Nos reunimos en el sótano de mi tía María. Eché un vistazo a mi alrededor y me di cuenta de que me encontraba entre un selecto grupo de médiums con poderes siniestros. El objetivo del encuentro era ajustar cuentas y contraatacar a nuestros enemigos, un grupo de personas que intentaban darse a conocer y que habían hecho brujería sobre uno de los nuestros. Pero los descubrimos, y ahora había llegado el momento de darles una lección.

Ese día mi tía había comprado una docena de gallos de color oscuro para sacrificarlos. Necesitábamos la sangre para realizar la brujería. Cuando nos reunimos aquella noche, estábamos listos para la guerra. Los encargados de la música empezaron a golpear los tambores, preparando el ambiente, y yo sentí que los espíritus entraban en la habitación para recibir los sacrificios. Su presencia se hacía cada vez mayor; el olor a cigarros y a ron fue impregnando el aire del sótano, que se cubrió de una densa oscuridad. El vello de los brazos y de la nuca se me erizó al sentir que las sombras pasaban a mi lado. Repetíamos nuestros cánticos acompañados por el sonido cada vez más fuerte de los tambores. Unos cantaban, otros bailaban para los demonios, otros encendían cigarros y echaban humo y otros rociaban de ron las cuatro esquinas del sótano, con los símbolos del espiritismo en el centro. De vez en cuando la habitación se encendía con una pequeña explosión porque alguien derramaba alcohol sobre el piso de cemento y luego tiraba un fósforo encendida. Después de algún tiempo sentimos que el infierno había llegado al sótano. Incluso los gallos, graznando desde las jaulas, sabían que el mal bailaba en el aire. Se podía ver el terror en sus ojos, como si supieran que iban a morir.

La música seguía sonando y la habitación se cargaba cada vez más de energía. Sabía que nuestros enemigos pagarían por lo que habían hecho en cuestión de días. Mi tía distribuyó la receta de vudú de lo que teníamos que hacer para castigar a los que nos habían traicionado. Yo tenía ganas de sangre esa noche; mi corazón latía deprisa y mi navaja estaba afilada, lista para degollar unos cuantos gallos. Me sentía emocionado por ser uno de los elegidos para matar los gallos. Los agarré por las patas uno a uno, les clavé la navaja y les drené la sangre. Cuando terminé, el piso del sótano estaba repleto de garras, picos y cuellos degollados. Los demonios se reían de gozo a través de los médiums, que les prestaban sus cuerpos para el ritual. Sus risas demoníacas se mezclaban con los chillidos de las aves. La sangre me goteaba por las manos. Si hubiera podido, me las habría lamido, pero ¿qué pensarían los demás? Al llegar al último gallo, le abrí la boca y le metí el filo de la navaja en la garganta, lleno de odio y de ira, sabiendo que la sangre era un contrato y que la matanza destruiría la vida de una persona.

Cuando salí de aquella reunión secreta, borracho de poder y lleno de la energía que proporciona el mal, celebré la victoria que estábamos a punto de alcanzar. Algún tiempo después nos enteramos de que la casa de nuestros enemigos se había incendiado y había quedado reducida a cenizas. Se quedaron sin hogar, sin un lugar donde vivir. Aprendieron una dura lección: no jugar con fuego, porque nosotros éramos fuego.

El lado oscuro tiraba cada vez más de mí. Todo esto me hacía salir más con mis amigos y traía consigo más alcohol, más mujeres, más bares y, además, sexo. Empecé a aficionarme a los bares. Sin darme cuenta, estaba viviendo como mi padre. La vida por la que le odié a él se había convertido en mi vida. La maldición que había caído sobre mi padre me había alcanzado a mí, y además había empezado a llegar hasta mis hermanos también. Mi madre no podía hacer nada para evitarlo. Estábamos fuera de control e íbamos en la dirección que mi padre había seguido. Mi madre tenía cuatro hijos que le recordaban al marido borracho que había perdido. Se habían abierto viejas puertas y antiguas heridas.

Ritual en el cementerio

Llegó el otoño, y con él un viento frío comenzó a soplar por el Bronx, obligando a los residentes a abrigarse bien y a enfrentarse al aire frío mientras se abrían paso por las bulliciosas calles de la ciudad. Para mí, el otoño significaba una cosa: la llegada de Halloween, mi festividad preferida. Halloween es la festividad más misteriosa, carnal y diabólica que existe. Yo me reía de aquellos que celebraban Halloween cambiando su identidad por una noche, y de los que se llamaban brujos por bailar delante de una fogata en un campo o un bosque bajo la luna llena. Para mí eran tontos, como niños jugando con fósforos, sin darse cuenta de que aquello con lo que jugaban tenía poder para matar. Yo conocía el verdadero significado de esa negra festividad: Halloween es la noche en que uno puede contar con el mayor número de poderes demoníacos para matar y destruir a las personas que odia.

La semana antes de Halloween me preparé para hacer justamente eso: me habían contratado para causarle sufrimiento y muerte a tres personas. El miércoles en la noche, San Ilia, el espíritu demoníaco que posee las puertas del cementerio, me indicó que visitara las tumbas de los que habían muerto recientemente para poder capturar sus espíritus.

Mi segunda madrina en la religión, una bruja única en su género, se reunió conmigo y juntos caminamos las quince cuadras que nos separaban de los muros del cementerio. No se veía a nadie cuando llegamos. El portón de hierro estaba cerrada —siempre se cerraba después de la puesta de sol—, así que mi madrina esperó junto a ella. Yo ofrecí veintiuna monedas de un centavo en señal de respeto y luego trepé por el muro para saltar al otro lado. Desde arriba del muro pude ver un mar de lápidas de cemento y me quedé maravillado. Las estatuas de los diferentes santos marcaban las distintas partes del cementerio. El lugar de los muertos era hermoso.

Recorrí las tumbas. Buscaba las recientes, de no más de una semana; las antiguas no me interesaban. San Ilia me dirigió a visitar tres tumbas esa noche: dos de personas que se habían suicidado y una de alguien que había muerto de un disparo. Mi tarea era llevar esos espíritus a casa para utilizarlos contra mis enemigos, y éstos morirían de la misma manera que aquéllos.

Hacía frío. La tierra de las tumbas me pareció helada cuando me arrodillé ante cada una de ellas para llevar a cabo el contrato con unos trozos de velas blancas, un cigarro y ron blanco que había llevado conmigo.

—John, ¿va todo bien? —preguntó mi madrina con voz ronca desde el portón.

—Sí, sí, todo va bien. Déjame tranquilo. Estoy haciendo lo que tengo que hacer —le dije, irritado, pensando que pudiera llamar la atención.

—Sólo quería asegurarme de que estás bien —replicó.

—¡Qué persona tan testaruda he traído esta noche! —murmuré entre dientes.

Pero enseguida la irritación dio paso al entusiasmo cuando el espíritu demoníaco empezó a llevarme de una tumba a otra. Tenía escalofríos. No sabía si el frío que sentía se debía a la temperatura o al hecho de estar rodeado de muertos. Mis venas no cesaban de bombear adrenalina al pensar que sólo faltaban unos días para Halloween; iba a salir a pasarlo bien con mis amigos y a olvidarme de mis enemigos.

Encuentro en Halloween

Aquel fin de semana, en la noche de Halloween, les presenté mis respetos a los demonios en mi casa, lancé hechizos contra todos aquellos a quienes odiaba, y luego me arreglé y fui a reunirme con dos amigos en el club de la zona de Parkchester.

Nosotros éramos demasiado *cool* para disfrazarnos. Yo llevaba unos pantalones vaqueros buenos y una camisa blanca, y tenía el pelo brillante y perfectamente peinado hacia atrás. La música del club estaba tan alta que podíamos oírla desde fuera cuando nos acercamos.

—Oye, John, ¿vas a conocer a algún bombón esta noche? —me preguntó mi amigo Jose, dándome codazos—. Presiento que sí, hermano. Tengo buenas vibraciones.

—¿Ah, sí? —le dije con una sonrisa de oreja a oreja—. Puede que sí. Intentaré conseguirles una chica a ustedes también.

Nos reímos, pagamos la entrada y accedimos a la oscuridad del club. Allá dentro la escena era electrizante.

Había varios cientos de personas, todas con disfraces disparatados, y la pista de baile estaba llena de cuerpos que giraban a ritmo de salsa. El ambiente era perfecto. Sentía el inquietante frío de Halloween en el aire, y sabía que los espíritus querían comunicarse conmigo. Yo no sabía si unirme a la fiesta o buscar víctimas.

La vi en un rincón: una hermosa chica con un corto y elegante disfraz de bruja, con el pelo negro y la piel blanca. Tenía cara de ángel, y enseguida comprendí que tenía que hacerla mía. Desde luego no le resultaba difícil decir que no. Vi como rechazaba uno tras otro a todos los hombres que la sacaban a bailar. Pero de algún modo yo sabía que conmigo sería diferente, aunque me daba algo de vergüenza acercarme a ella. *Ve,* me decía una voz. *Es tuya.*

Crucé la sala despacio y me paré a su lado en el bar. Estaba hablando con su amiga de espaldas a mí.

—¿Quieres bailar? —le pregunté, levantando la voz por encima de la música.

Ella se giró y, lentamente, esbozó una bella sonrisa.

—Me encantaría —contestó.

Salimos a la pista sin dejar de mirarnos y sonreírnos mientras bailábamos.

—¿Cómo te llamas? —le dije, acercando mi cabeza a su oído.

—Mari. Vivo en Brooklyn.

—Pues estás muy lejos de tu casa, Mari, pero me alegro de que decidieras venir al Bronx esta noche. Yo soy John. Espero que podamos llegar a conocernos mejor.

—Ya veremos —exclamó con una sonrisa coqueta, echándose el pelo para atrás con un movimiento de cabeza.

Bailamos juntos toda la noche, y en un momento determinado sentí que los espíritus me decían que la besara. De repente me incliné y la besé en los labios. Ella se sorprendió mucho, incluso dejó de bailar durante unos segundos, sin saber qué decir. Había conseguido el efecto sorpresa que buscaba. Me eché hacia atrás y esbocé una diabólica sonrisa.

Cuando cerraron el club, acompañé a Mari hasta su carro. Nos quedamos allá unos minutos, envueltos en el misterio de la noche. No queríamos que terminase.

—¿Cómo puedo ponerme en contacto contigo? —le pregunté.

Escribió su número en un trozo de papel y me lo dio. Yo asentí, memorizando los números a medida que los leía.

—Te llamaré. Y gracias por esta noche. Ha sido una noche fantástica.

Mari entró en el carro; yo le cerré la puerta y la observé alejarse. En el camino de vuelta a casa me sentía místico, emocionado, y empecé a planear mi siguiente paso.

Capítulo 7

Dr. Jekyll y Mr. Hyde

En el otoño de 1987 Mari y yo esperábamos con gran ilusión el día de nuestra boda. Y no sería una boda cualquiera: íbamos a casarnos en Halloween. La festividad de las brujas sería el día perfecto para la unión de nuestras almas, exactamente dos años después de conocernos. Halloween sería la noche ideal para la oscura ceremonia que nos uniría para siempre no a los ojos de Dios, sino a los de Satanás.

Un brujo de la religión nos ofreció su sótano para la ceremonia, y la ilusión corría por mis venas a medida que se acercaba el 31 de octubre. Hasta ese momento, en veinticinco años sólo se habían celebrado dos bodas como la que estaba a punto de tener lugar. El compromiso de una boda espiritista era tan diabólico que la mayoría de las personas de la religión no se atrevía a hacer esos votos. Se corrió la voz del carácter maléfico de nuestra boda, y nadie de mi familia ni de la de Mari asistió, así que hicimos una ceremonia tradicional aparte para ellos.

Entrar en el sótano esa noche fue como entrar en el infierno; el ambiente echaba chispas no sólo por las personas presentes allá, sino por los distintos espíritus que habían acudido para presenciar la diabólica boda que iba a celebrarse esa noche. El sótano estaba decorado con veintiún pañuelos de colores en representación de los veintiún caminos del lado oscuro. En el centro de la habitación y la parte de delante había un altar hecho de hojas y ramas de árboles. Mientras esperaba que comenzara la ceremonia, mi corazón latía con fuerza; sabía que lo que estaba a punto de ocurrir era realmente una ceremonia "hasta que la muerte nos separe".

Mi tía María, poseída por el principado diabólico que gobierna Haití, se paró delante del altar y fijó en nosotros sus oscuros ojos.

—La ceremonia está a punto de comenzar. ¡No hay vuelta atrás! —gritó el demonio que estaba dentro de ella, con su gutural voz.

Tanto Mari como yo llevábamos los colores protectores de nuestros espíritus demoníacos principales: ella una capa blanca y azul, y yo una capa roja. Mi tía roció ron y humo de cigarro en los anillos de matrimonio, les prendió fuego, y luego se volvió hacia mí y me preguntó:

—¿Aceptas el contrato?

Yo asentí. Luego se volvió hacia Mari y le preguntó:

—¿Aceptas el contrato?

Ella también asintió. En ese momento el contrato quedó sellado. Después de la ceremonia unieron dos velas —una con una figura masculina y la otra con una figura femenina— cara a cara, las ataron con un hilo rojo y blanco, y las enterraron bajo tierra en la parte de detrás de la casa.

A cada lado del altar se colocaron veintiuna personas, con distintos rangos de poder, para bendecir la boda. Fue una boda de demonios, congos, negros, madamas, indios y gitanos que vinieron esa noche para celebrar nuestro matrimonio y hacer profecías sobre nosotros. La celebración no terminó hasta las cinco de la mañana.

Una cita con lo desconocido

Mirando a Mari, mi nueva esposa, fijamente a los ojos, recordé la primera vez que la llevé a que le leyeran las cartas, hacía dos años. Fue su primer encuentro con el espiritismo. Esa noche la hice cruzar la primera puerta sin que se diera cuenta de la magnitud del mundo en el que estaba entrando. Como la mayor parte de la gente, Mari no sabía que las cartas del Tarot eran uno de los veintiún caminos de lo oculto. Mi familia paterna se había entregado a la religión, algo que parecía espiritual por fuera, pero en realidad eran adoradores del diablo que decían vivir para Dios.

Me resultó fácil llevar a Mari a que le leyeran las cartas del Tarot poco después de conocernos en el club la noche de Halloween. Un día, mientras comíamos en un restaurante, la hermana de Mari, Carmen, lanzó un profundo suspiro que captó nuestra atención.

—¿Qué pasa? —preguntó Mari.

—No sé qué hacer —dijo Carmen, sacudiendo la cabeza. —Me estoy volviendo loca. ¡Hace tres días que no me llama, Mari! ¡Tres días!

—Dale tiempo. Te llamará —dijo Mari con indiferencia.

—¿Quién la llamará? —pregunté.

—Miguel, el tipo que conoció en el club la misma noche que nos conocimos nosotros —dijo Mari, sonriéndome—. ¿No recuerdas que bailó toda la noche con el mismo muchacho?

—No, yo sólo tenía ojos para ti.

Me acerqué y la besé en la mejilla, y ella se acurrucó en mi pecho.

Miré a Carmen, que estaba sentada enfrente.

—Sé cómo puedes averiguar cómo va a terminar todo esto. Mi tía lee las cartas, y ella puede decirte si estás perdiendo el tiempo con ese chico o no.

—¿De verdad? —Carmen me miró fijamente con los ojos llenos de interés—. ¿Lo dices en serio? Si es verdad, cuenta conmigo. No soporto más esta incertidumbre.

—Puedo llevarte uno de estos días, si quieres.

—Yo también quiero ir —exclamó Mari entusiasmada. Le sonreí, encantado de ver las ganas que tenía de entrar en mi mundo.

—Sí, claro. Puedo conseguir una cita para las dos. Os vendrá bien, ya veréis.

La noche que las llevé a que les leyeran las cartas iban de muy buen humor. Carmen esperaba recibir respuestas, y Mari esperaba pasarlo bien, pero lo que pensaban que sería pura diversión se torció cuando las mentiras que me habían contado hasta entonces salieron a la luz.

En casa de mi tía nos sentamos en el sofá hablando de quién iría primero. Las dos se reían y decían:

—Ve tú primero

—No, no, tú primero —porque aunque estaban ilusionadas, estaban muy nerviosas también.

—Seguro que mis cartas son mejores que las tuyas —bromeó Mari.

—Ah, ¿sí? —contraatacó Carmen—. Ni hablar. Las mías van a ser mejores que las tuyas. Las mías van a ser muy buenas, ya verás. Estoy convencida. Y las tuyas no te van a gustar.

En ese momento entré en la conversación.

—¿Y si las dos os llevarais una sorpresa esta noche?

Se dieron la vuelta y me miraron fijamente. Durante unos minutos vi cierta seriedad y preocupación en sus ojos, pero enseguida empezaron a reírse de nuevo. Por fin mi tía llamó a Mari desde la habitación de dentro para leerle las cartas. Yo me quedé en la de fuera, pero después Mari me contó los detalles de lo que había pasado en aquella habitación.

Mari observó con atención cómo mi tía se preparaba para la lectura. Tomó su botella de perfume y ceremoniosamente se limpió, y luego fijó sus oscuros y apagados ojos en Mari y le tendió el botella de perfume.

—Ahora te toca a ti.

Mi tía le pidió a Mari que cortara la baraja e hiciera tres montones: pasado, presente y futuro. A partir de ese momento, la vida de Mari ya no volvería a ser la misma. La pesadilla de Mari comenzó al extender las cartas del primer montón. Mi tía le habló sobre su infancia, su hogar roto, y la familia disfuncional en la que creció. Cuando Mari escuchó las palabras de mi tía, que no sabía nada sobre su pasado, casi se ahogó, e intentó contener las lágrimas. Mi tía pasó al segundo montón, y fue entonces cuando el espíritu gitano se adentró más en el alma de Mari y reveló la mentira que se traía con Carmen.

—Tú y tu supuesta hermana Carmen, ustedes no son hermanas, ¿verdad? —inquirió mi tía, atravesando a Mari con sus penetrantes ojos negros como si fuera transparente.

Mari la miró desesperada, tragó saliva, y dijo con voz temerosa: —No.

—Y además vives con tu novio —continuó diciendo mi tía con una sonrisita—. Mientes muy bien. ¿Lo sabe mi sobrino?

Mari bajó la vista, sin atreverse a mirar a mi tía a los ojos, y susurró: —No.

De repente, mi tía se levantó de la silla, miró a Mari con furia en los ojos y le puso el dedo en la cara.

—Yo soy una bruja de alto rango. Si le pasa algo a mi sobrino, aunque sea que le falte un pelo de la cabeza, te destruyo a ti trocito a trocito y a tu familia uno por uno con mis poderes, y te mando derecha al infierno —dijo con voz baja y maliciosa—. Así que vamos a decirle a John que entre ahora mismo. La lectura de cartas se ha terminado, y se lo vas a contar todo.

Y eso es lo que hicieron. Antes de que se acabara la noche, lo averigüé todo sobre Mari, su novio secreto y la chica que decía ser su hermana. Desde ese momento, mi tía María y yo iniciamos una relación muy estrecha, porque ésa fue la noche en que hice un pacto con el diablo y con el poder del espiritismo.

Disfrutaba con el poder de controlar a los demás, y me encantaba la idea de fingir ser una persona, pero ser otra. Era como llevar una doble vida que me acercaba más al diablo y a sus demonios, y me hacía involucrarme más en mi relación con ellos. Esa noche Mari decidió romper con su novio, pero sólo si yo la perdonaba y estaba dispuesto a comprometerme de verdad con ella. Yo acepté.

La primera decisión de Mari fue irse a vivir con su madre, y su amiga Carmen apoyó la idea.

Mari se quedó con su madre un tiempo, pero después se vino a vivir conmigo y con mi familia en nuestro apartamento en las residencias públicas. No estuvimos allá mucho tiempo, sólo hasta que ahorramos lo suficiente para mudarnos a nuestro propio apartamento. Salíamos por la noche y durante el día trabajábamos mucho para poder arreglar bien el apartamento. Entre los muebles, las paredes recién pintadas y los cuadros que habíamos elegido, nuestro hogar era único. Tanto a nuestros amigos como a nuestra familia les encantaba venir de visita.

Las cosas nos iban muy bien, y estábamos convencidos de que nuestro destino era estar juntos. Después de salir durante algún tiempo, Mari llegó un día y me dijo:

—John, creo que deberíamos casarnos en Halloween.

Lo habíamos hablado varias veces, pero nunca antes habíamos hecho planes.

—Nos conocimos en Halloween, así que es el día perfecto para la boda. ¿Qué te parece?

No lo dudé ni un segundo. —Me parece una idea fantástica. Nos casaremos en Halloween.

Más adelante, Mari y yo también asistimos a ceremonias secretas y a fiestas de brujería en sótanos o en apartamentos. Ella se fue metiendo en la religión poco a poco, con el paso del tiempo, atraída por la emoción que le ofrecía. Era algo totalmente distinto en su vida, distinto del Catolicismo. En su mente se trataba sólo de magia blanca; la magia negra sólo se usaba cuando uno tenía que defenderse, o al menos así lo justificaba ella. El mundo demoníaco del espiritismo y de la santería se parece mucho al ejército, que está formado por rangos. Yo ocupé un alto rango en la religión desde una edad muy temprana. Ahora le tocaba a mi esposa ir ascendiendo.

Para reclutar nuevos adeptos utilizábamos el poder del mal, y eso nos resultaba intrigante. Mi tía y yo conocíamos a cientos de personas que se hicieron miembros de lo oculto: médicos, enfermeras, agentes de policía, abogados, jueces, directores de escuela La lista no tenía fin. Cualquier persona que quisiera unirse a nosotros era invitada a participar, cualquiera que fuese su profesión. Reclutar nuevos adeptos fue mi segunda etapa dentro del lado oscuro.

Un regalo precioso

Mi esposa y yo estábamos felizmente casados, y en 1988 se quedó embarazada. Fue un año fantástico para los dos. Yo estaba encantado con la idea de ser padre, y mi familia estaba feliz de que hubiera un niño en camino.

Ese año, las cosas nos fueron de lo más normal. Tanto Mari como yo trabajábamos, y cada día yo la llevaba al trabajo por la mañana y la recogía por la tarde debido a su estado. Ella era una esposa magnífica, y yo era un buen marido. Nos las arreglábamos bien tanto en nuestro matrimonio como en nuestra vida diaria.

El tiempo pasó rápido, y en junio de 1989, Mari dio a luz a una niña de veintidós pulgadas y seis libras. Para mí fue una experiencia increíble el poder estar en la sala de partos, y nuestra hija, a quien llamamos Amanda, fue un regalo para mi esposa y para mí. Yo seguí trabajando para cubrir los gastos, pero Mari se quedó en casa cuidando del bebé.

Sin embargo, algún tiempo después, cuando Mari quiso volver al trabajo, surgió un problema entre nosotros sobre quién debería cuidar de Amanda. Teníamos dos opciones: mi madre, que vivía cerca de nosotros en el Bronx, o su madre, que vivía más lejos, en Brooklyn. Mari decidió que su madre cuidaría de la niña, pero eso me dificultaba las cosas a mí, ya que tendría que llevarla todos los días a Brooklyn y recogerla. Pero a pesar de todo, nuestro matrimonio iba bien.

Trabajábamos mucho, así que ganamos mucho dinero, y ahorramos mucho también, pues yo sabía desde que nuestra relación se convirtió en algo más serio que en cuanto llegaran las fiestas discutiríamos por los regalos que compraríamos para nuestros familiares y por cuánto gastaríamos. Y eso fue exactamente lo que pasó.

A mí no me importaba pasar parte de las fiestas con la familia de Mari. Siempre pasaba buenos ratos con ellos y me trataban bien. Pero después, cuando yo quería pasar parte del tiempo con mi familia, Mari no lo entendía; ella no quería compartir su vida con mi familia. Por eso discutíamos mucho cuando se acercaban las fiestas. Reconozco que la culpa era mía, porque desde el primer momento yo había aceptado pasar la Navidad y el día de Acción de Gracias con su familia, y eso nos ocacionó problemas en nuestro matrimonio, aunque aún nos quisiéramos. Le dábamos lo mejor a Amanda: ropa buena, escuelas privadas, y una buena educación en casa. Y cada año, ya fuera en Semana Santa, en Navidad o en su cumpleaños, le hacíamos un montón de regalos. Pero le ocultábamos a nuestra familia esa "otra cosa" que compartíamos como pareja.

Un baile con los demonios

La interminable sucesión de fiestas, festividades y celebraciones espirituales en las que participábamos como miembros de la religión llenaban nuestra vida por completo. Nos encantaba formar parte de algo mayor que nosotros mismos. A veces Mari y yo asistíamos a reuniones para convocar a familiares muertos. En otros encuentros, aparecían demonios que nos hablaban de sí mismos: sus cumpleaños, su comida preferida, los colores que les gustaban, cómo vivían y en qué parte del mundo habían vivido en su vida pasada. Exigían celebraciones especiales en su honor, y nosotros, peones fieles, les obedecíamos.

Una noche, ya tarde, Mari y yo recibimos una invitación para acudir a una fiesta espiritual para celebrar el cumpleaños de un demonio que decía haber sido una gitana nacida en mitad del siglo XVIII en España. Afirmaba que había sido muy rica, muy bella y muy poderosa mientras estuvo en la tierra. Los hombres la adoraban, y había muerto con treinta y dos años, degollada por un hombre celoso. La reunión tuvo lugar en el sótano de mi tía. Habían contratado a un cuarteto de cuerda española para que tocara música clásica. Los músicos llevaban vestimentas españolas, y el sótano estaba decorado con flores y adornos del siglo XVIII.

Era una fiesta con clase en la que corrió el champán toda la noche, pero a pesar de la música refinada y la ropa elegante, el desenfreno y la promiscuidad llenaban el ambiente porque eso era lo que quería aquel demonio. La fiesta, que sólo tenía lugar una vez al año, era una oportunidad de bailar de forma promiscua, de tocar de forma lasciva, y de saltarse los límites.

Miré a mi alrededor y observé que los espejos no estaban cubiertos. Normalmente, cuando teníamos una fiesta demoníaca, el anfitrión cubría los espejos porque los espíritus no podían verse en ellos, o mejor dicho, no podían ver el reflejo del humano al que poseyeran esa noche. Pero este espíritu—la bella gitana española—tuvo el privilegio de verse en el espejo.

Mi tía María había sido poseída por el demonio hasta tal punto que sus rasgos cambiaron y tomaron la forma de la española de mitad del siglo XVIII. Mi tía llevaba un vestido de fiesta de la época del demonio, confeccionado expresamente para aquella fiesta con el propósito de ser usado esa noche, y nunca más. Cuando mi tía María le sonrió a su reflejo en el espejo, no fue ella quien le devolvió la sonrisa desde el cristal; vi las facciones de otra mujer de otro tiempo. Incluso a mí, inmerso como estaba en este oscuro mundo del espiritismo, un escalofrío me recorrió la espalda.

Problemas en el paraíso

Muchas veces, cuando estaba en mi habitación viendo la televisión, Amanda, que sólo tenía dos años, se metía en la cama junto a mí, se acurrucaba a mi lado, y veía la televisión conmigo. En su mente infantil, me preguntaba tonterías que me hacían reír y traían gozo a mi vida.

—Papi, ¿qué muñequitos vienen ahora? —me preguntaba.

—Los Power Rangers.

—Mi preferido es el rojo —decía—. ¿Y a ti cuál te gusta, papi?

—A mí me gusta el azul —le decía yo, sonriéndole.

—No, papi, tiene que gustarte el rojo, que es el que me gusta a mí.

Y yo, de broma, le decía:

—No, a ti te gusta el rojo, y a mí el azul.

—Pues entonces no vemos los Power Rangers, porque a ti no te gusta el rojo —contestaba, echándose a reír.

Yo la agarraba, le hacía cosquillas y le decía:

—De acuerdo, me gusta el rojo… Podemos ver los Power Rangers.

A menudo me pregunto si alguna vez mi padre se tomó un tiempo para sentarse conmigo y hacer las cosas que yo hacía con mi hija, porque yo no recuerdo ningún momento así.

Cuando Amanda tenía dos años, me hice un tatuaje en el brazo de un ángel con su nombre. Pero a ella no le gustó el dibujo de mi brazo.

—Papá, el ángel está desnudo —me dijo un día, señalando mi brazo con su dedo. —Ponle ropa, por favor.

—Pero tiene que ser así, Amanda —le dije.

Ella protestó:

—No, papá, devuélveselo al hombre que lo hizo. Dile que le ponga ropa al ángel.

Yo me eché a reír porque todo lo que decía me parecía adorable e inocente. Ella hizo un puchero, y yo la agarré, la besé y le dije:

—Algún día entenderás que papá se hizo el tatuaje porque te quiere muchísimo.

Aparte de nuestra ronda nocturna de actividades demoníacas, mi esposa y yo llevábamos una vida normal con nuestra hija. Parecíamos la típica joven pareja americana, viviendo la buena vida y destinados a conseguir y experimentar cosas buenas. Pero ya entonces se estaban abriendo brechas en nuestro matrimonio.

Muchos fines de semana Mari y yo hacíamos cosas estupendas juntos, pero otras veces ella salía con sus amigas mientras yo me quedaba en casa con Amanda. Habíamos acordado que algunos fines de semana ella saldría con sus amigas y yo me quedaría en casa con Amanda. Pero cuando yo quería salir con mis amigos, Mari se ponía a discutir porque no quería quedarse sola en casa con la niña. Para solucionar el problema buscamos una niñera, pero entonces cuando salíamos, lo hacíamos por separado, ella con sus amigas y yo con los míos. Nos pusimos de acuerdo para volver a casa a la misma hora, no más tarde de las cuatro de la mañana. Ese arreglo funcionó durante algún tiempo.

Una noche me tocaba salir a mí; Mari había salido la noche anterior.

Estaba sentado en el sofá del salón buscando algo que ver en la televisión cuando se paró delante de mí y puso sus manos en las caderas.

—Tienes que llevarme al supermercado para comprar algunas cosas para la casa —anunció rotundamente.

Me incliné para poder seguir viendo la televisión.

—Tú sabes manejar, así que ve tú sola. Yo quiero descansar un poco antes de salir con mis amigos esta noche.

—O sea, que tus amigos son más importantes que nuestro matrimonio, ¿no?

—¡Sabes que no es así! —le contesté—. Pero también sabes que esta noche me toca salir a mí. Ahora voy a descansar, así que si quieres comprar algo, sal y cómpralo tú.

—¿Sabes qué? He cambiado de opinión. No voy a comprar nada para la casa. Cómpralo tú, si quieres.

—¿Y a mí que me importa? —exclamé, levantándome y tirando el control remoto en el sofá—. Deja las cosas como están. Me da exactamente igual.

Me volví, entré en el dormitorio y cerré la puerta de un portazo.

Esa noche salí con mis amigos, y aunque lo pasé bien, no podía dejar de pensar en Mari y en Amanda. Las amaba, y no estaba tranquilo sabiendo que estaban solas en casa. El pensamiento que rondaba mi cabeza era: *Eres igual que tu padre*. Así que esa noche, en vez de volver a casa a las cuatro de la mañana, volví a las dos y media. Cuando entré en el dormitorio, estaban las dos dormidas. Les di un beso y me acosté en el sofá.

Se acercaban las fiestas y Mari y yo decidimos sacar tiempo el fin de semana para ir a comprar los regalos de Navidad. Ella eligió los de su familia y yo empecé a buscar los de la mía. Pero ella pensaba que los regalos de mi familia deberían costar la mitad que los de la suya.

—¿Por qué tienen que ser los regalos de tu familia mejores que los de la mía? —pregunté, intentando no provocar una escena.

Mari puso los ojos en blanco.

—Porque mi familia es mejor que la tuya.

—¿Quién te ha dicho eso? Son las dos iguales.

—Bueno, mi familia ha hecho más cosas por nuestro matrimonio que la tuya.

En ese momento yo ya había empezado a levantar la voz.

—¡Es que tú no dejas que mi familia haga nada por nosotros!

Un empleado de la tienda nos estaba mirando mientras ordenaba los estantes. Avergonzado, murmuré:

—Bueno, como quieras… Me da igual lo que compres.

Y volví a poner las cosas que había elegido en el estante. Así que ese día salimos de la tienda enojados, y decidimos comprar los regalos de nuestras respectivas familias por separado.

La situación llegó al punto en que no estábamos de acuerdo en nada. Nos sentíamos agotados con respecto a nuestro matrimonio, y ni siquiera queríamos seguir intentando que funcionara. Al final decidimos separarnos. Un viernes en la noche llegué a casa exhausto después de doce horas de trabajo y no nos hablamos.

Mari entró en el salón y pronunció las siguientes palabras:

—Te dejo. Me mudo a casa de mi madre mañana. Puedes quedarte con el apartamento. Amanda se viene conmigo, y creo que deberíamos divorciarnos.

Su cara carecía de expresión.

Me quedé mudo, estupefacto; estaba demasiado cansado para luchar. Me senté delante de la televisión, cambiando de un canal a otro, y no dije nada. La noche siguiente me senté en el salón con una cerveza en la mano mirando las cuatro paredes, rebobinando la película de mi vida y preguntándome cómo había llegado a esta situación, perdiendo no sólo a mi esposa, sino a mi hija también. Las lágrimas corrían por mis mejillas y un dolor indescriptible me partía el corazón. Comprendí que no existe ninguna diferencia entre un divorcio y la muerte de un ser querido. El dolor es el mismo.

Finalmente llegué a la conclusión de que yo era el responsable de la situación en que me encontraba. Siendo joven y no teniendo una figura paterna ni una persona con un buen matrimonio para guiarme, yo había permitido que mi vida llegara al punto en el que estaba. Y quizá esa sea una de las razones por las que Mari y yo no estamos casados en la actualidad.

Perseguido por los recuerdos

Al día siguiente me encontraba solo en el apartamento del Bronx en el que habíamos sido tan felices. A partir de entonces se convirtió en un lugar de tormento. Día y noche mi mente se veía bombardeada por pensamientos acusatorios. Tras el divorcio me sentía como un fracasado, igual que mi padre. Me perdería los momentos preciosos de ver a mi hija crecer. Me preguntaba lo que mi ex-mujer le diría a Amanda cuando ella preguntara: *¿Dónde está mi papá? ¿Por qué no está en casa? ¿Por qué no me acuesta él?*

Mi mente estaba totalmente desconcertada. Escuchaba la voz de mi hija haciendo preguntas una y otra vez. *¿Por qué no está aquí papá cuando me despierto por la mañana? ¿Por qué me abandonó mi papá? Será que ya no me quiere. ¿Volverá algún día?* Y sobre todo, *Extraño a mi papá.*

Podía imaginarme la respuesta de Mari: *Papá no va volver, ni por ti ni por mí, Amanda.* De repente empecé a odiar la brujería porque me había robado un tiempo precioso que podía haber pasado con mi hija. Odiaba el mundo, lo odiaba todo, pero amaba a mi Amanda. Si ella supiera cuánto la amaba, y cuánto la amo aún, más que a mí mismo. Daría la vida por ella en cualquier momento. Atesoro todos nuestros recuerdos en el corazón: cuando era pequeña, cargarla en mis brazos, llevarla de la mano a todos sitios. Amanda sabía que cuando estaba con su padre, estaba protegida. Aunque a veces yo me considerara un fracaso en su vida, mi amor por ella permanecía inalterable.

En la noche me acostaba y rogaba no despertarme en la mañana pues aquel dolor era mucho mayor que cualquier otro que yo hubiera experimentado hasta entonces.

¿Qué sentido tenía vivir?

Capítulo 8

Lo pierdo todo

El tiempo pasó y Amanda se hizo mayor, pero no perdimos el contacto. Yo asistía a todas sus fiestas de cumpleaños, y pasaba Semana Santa, Acción de Gracias y Navidad con ella cada año, además de verla los fines de semana. Sin embargo, siendo el tipo de padre que era, yo quería más, y cuando no lo tenía me sentía confundido, enojado y perdido. Resultado: Profundicé aún más en el espiritismo. Me sumergí en un mundo de fiestas de brujería, ceremonias de purificación, lecturas de cartas del Tarot y ascensos a rangos demoníacos más altos, descubriendo nuevos secretos. Me gustaba aprender cosas de la religión: cómo querían los demonios que actuáramos, o cuáles querían sangre y cuáles preferían gallos o pájaros. Aprendí las distintas lenguas que hablaban los demonios de manera que llegué a poder entenderlos. Era algo parecido a lo que les pasaba a la gente del "Aleluya", quienes también hablaban en una lengua extraña.

El alcanzar niveles más altos trajo consigo nuevos retos y nuevas habilidades. Cada vez que le predecía el futuro a alguien, aumentaban mis poderes, y con cada aumento, más personas incautas caían presas de la cosas que yo les decía, cosas que sólo ellos sabían. Esto los dejaba maravillados, y me permitía hacer con ellos lo que había hecho con otros: adentrarme en sus almas y extraerles su único medio de protección —el poder de resistir las fuerzas oscuras del espiritismo. Reclutar almas se convirtió en mi pasión, en una misión que cumplir cada día para los espíritus a los que servía.

Por entonces mi vida nocturna en los clubs estaba fuera de control. Por mucho que quisiera parar, un poder más fuerte que yo me empujaba a regresar. Los clubs se convirtieron en mi campo de juegos. Allá fue donde empecé a reclutar gente para el lado oscuro, presentándoles la religión. Era una adicción que me llevaba a pasar la noche fuera muchas veces.

Siempre tenía la esperanza de encontrarme con los que se denominaban cristianos. Ellos eran mis preferidos. Deseaba desafiar su fe y lo que ellos creían que era la verdad. Si conseguía que accedieran a que les adivinara el futuro, eso me permitía abrirles una puerta al mundo satánico y guiarlos hacia dentro. Los exponía a un mal que ni siquiera imaginaban, un mal que traería todo tipo de infortunio a sus vidas. Ellos siempre pensaban que lo tenían todo bajo control y que eran mejores que los demás, y que mi mundo no era lo suficientemente bueno para ellos. ¡Cómo detestaba oírles hablar de ese hombre llamado Jesús, y de cuánto los amaba! Para mí eran tonterías y merecían un castigo. Por eso eran mis víctimas preferidas.

Por extraño que parezca, no era tan difícil encontrar cristianos en mi mundo. Los brujos y las brujas hacían fiestas en sus hogares constantemente, y a menudo invitaban a amigos que se consideraban cristianos, personas que no sabían nada de la vida secreta que llevábamos aparte de nuestro trabajo y nuestra fachada matutina.

Una noche llegué a una fiesta así y recorrí la habitación con la vista, leyendo las vibraciones que se desprendían de los allá presentes y pidiéndoles a los espíritus que me dirigieran a las almas que serían presas fáciles.

Julio, el anfitrión, me hizo señas cuando me vio llegar.

—¡John, has podido venir! Ven acá, hombre. Quiero presentarte a alguien.

Asentí con la cabeza y me dirigí hacia él, caminando con pasos largos y pausados. Había un hombre a su lado, examinándome con la mirada, como pensando: *¿Quién es ese hombre tan alto, vestido de negro?*

Percibí una vibración de fascinación quizás mezclada con un poco de miedo. Perfecto.

—¿Qué pasa? —exclamé mientras estrechaba la mano de Julio. Dirigí mi mirada al desconocido que estaba a su lado.

—Ah, sí —dijo Julio—. Éste es mi amigo Chris. Chris asiste a una iglesia. Ya sabes, es uno de esos pentecostales. Le dio un codazo a Chris y el tipo se rió.

—¿Qué tal, Chris? —dije amablemente, tendiéndole la mano—. Yo soy John.

Y luego me aparté un poco y observé la situación un rato, dejando que Julio y Chris se gastaran bromas. Cuanto más bebían, más se les soltaba la lengua. De vez en cuando yo añadía algo gracioso a la conversación hasta que Chris empezó a sentirse cómodo conmigo y a verme como a un nuevo amigo.

Me disculpé y fui a saludar a los demás invitados, renovando viejas amistades y haciendo otras nuevas. Esperé hasta que, un poco más tarde, los espíritus me indicaron que era el momento de invadir el espacio espiritual de Chris. Fui a llenar mi copa de vino cerca de donde él estaba.

—Hola, Chris. ¿Te acuerdas de mí? Nos presentaron antes —le dije—. Buena fiesta, ¿verdad? Y bonitas chicas, ¿eh?

Chris sonrió al reconocerme.

—Ah, sí John, ¿no? Sí, desde luego. He intentado conquistar a varias, pero de momento no he tenido suerte.

Ignoré su comentario y entré a matar.

—¿Sabes qué? Yo sé algo interesante sobre ti que tu familia y tus amigos no saben.

Lo había agarrado por sorpresa, así que Chris se rió, incómodo.

—A ver, dime. ¿Qué sabes de mí que nadie más sabe? La incertidumbre me está matando.

Contuve la sonrisa. Sin darse cuenta, su respuesta acababa de abrir la puerta para que yo entrara en su espacio espiritual. Liberé un espíritu de incredulidad en su mente porque sabía que el campo de batalla entre él y yo estaba en la mente. Si conseguía capturar la mente de una persona, podía capturar su corazón, y así se convertía en mi víctima sin importar donde la hubiera conocido: en un club social, en el metro o en casa de algún amigo común.

Le conté lo que le había pasado que nadie sabía; le comenté de los gatos encerrados que guardaba, aunque se llamaba cristiano. Tuve que esforzarme para no esbozar una sonrisa sarcástica mientras observaba cómo la expresión de los ojos de Chris, abiertos como platos, se transformaba en una mirada de desesperación, miedo y, finalmente, impotencia. Estaba totalmente agotado. Era como si lo estuviese estrangulando lentamente, y el exponerlo espiritualmente me proporcionaba un sentimiento de poder y satisfacción. Mis poderes le habían sorprendido tanto que se había emborrachado en el espíritu con el gusto de lo que le había ofrecido. Ansioso por demostrar mis poderes, aprovechaba todas las oportunidades que se me presentaban para hacer alarde de la superioridad de mi religión. A veces eso provocaba una batalla de ingenios —y de egos— entre un buen amigo que era musulmán y yo. Los dos le quitábamos importancia, pero Muhammad y yo nos provocábamos constantemente, él alabando los poderes de Alá y yo declarando que Satanás era el soberano supremo.

—Yo creo que mi religión es más fuerte que la tuya y voy a demostrártelo —le dije una tarde mientras entrábamos en el restaurante Step-In en Parkchester y nos sentábamos en una mesa al fondo. —Tu religión no sirve de nada, y si quieres convencerme de lo contrario, tendrás que demostrármelo.

Muhammad me miró con una hostilidad fingida.

—De acuerdo. Te lo demostraré.

Esperamos a que se fuera la camarera, y me incliné por encima de la mesa, señalándolo con el dedo.

—O tu religión es mayor que la mía, o la mía es mayor que la tuya. ¿Quieres ver poder de verdad? Mi religión y mi padre tienen más poder que tu religión. Pero te daré la oportunidad de ir primero.

Tomé un largo sorbo de mi refresco y me volví hacia las dos chicas que estaban sentadas en la mesa de enfrente.

—Perdona —le dije a la de pelo moreno—, pero mi amigo no se cree que tengo poderes de adivinación, y yo quiero demostrárselo. Él dice que también los tiene. ¿Nos permitirían decirles algunas cosas sobre sus vidas?

Las chicas se miraron, se rieron tontamente y luego, encogiéndose de hombros, exclamaron: —¿Por qué no?

—Voy a dejar que empiece mi amigo Muhammad —dije.

Muhammad se volvió hacia las chicas.

—Las dos tienen novio, ¿verdad? Y llevan mucho tiempo con ellos.

Las chicas negaron con la cabeza y se rieron.

—Estás muy equivocado —dijo la de pelo oscuro. —No es así.

Me miró.

—Ahora te toca a ti.

Cuando me estaba preparando para hablar, sentí la presencia del demonio que iba a ayudarme. No conocía a esas chicas de nada. No sabía de dónde venían, ni a qué se dedicaban, pero estaba a punto de hablarles de su vida de una manera que no esperaban.

Ellas pensaban que era un juego, pero yo me puse serio al instante.

—Tú has roto con tu novio recientemente —le dije a la primera—. Lo pillaste con otra. Y es la tercera vez que un hombre te engaña.

Su rostro se quedó sin expresión y dirigió los ojos hacia su amiga en un ruego sin palabras.

—Y tú —exclamé señalando a la otra chica—, tú no eres más que una rueda de repuesto. No vales nada. Te ofreces a cualquier hombre. Ni siquiera puedes conseguir tu propio hombre. Ni siquiera recuerdas cuándo fue la última vez que tuviste una relación de verdad porque estás demasiado ocupada robando los hombres de otras mujeres.

La segunda chica se sonrojó y sus ojos se llenaron de lágrimas, pero a mí me dio igual. Me volví hacia Muhammad y lo miré, levantando las cejas.

—¿Cómo sabes esas cosas? —preguntó la chica de pelo oscuro. Su amiga estaba demasiado estupefacta para hablar.

Yo me reí.

—Ya te lo dije. Tengo poderes.

Las chicas trataron de quitarle importancia, sin creerse lo que acababa de pasar, y señalándome dijeron:

—Él es el de los poderes.

Ese día, Muhammad tuvo que reconocer la superioridad de mi dios. Su religión no valía nada.

Demasiado lejos

Una noche salí con un buen amigo de la religión, un agente de policía de Nueva York, de la sección de narcóticos, que además era brujo. Ya habíamos decidido a qué club iríamos. Él buscaba chicas; yo buscaba almas. Yo sabía que esa noche iba a ser especial. Zarabanda y Siete Rayos, dos de mis espíritus más fuertes, venían conmigo, y ellos nunca me decepcionaban. Mientras caminábamos por la acera, miré al cielo. Era una clara noche de primavera, y el firmamento estaba cristalino. Se podía contar las estrellas en toda esa negra oscuridad, y la luna brillaba como el sol. Me volví hacia Joe.

—Va a ser una noche estupenda. Lo noto en el ambiente.

El soltó una risita.

—Estoy listo para todo, hermano, sobre todo para féminas de las buenas.

Yo también me reí y me pasé la mano por el pelo. Iba vestido de negro y sabia que me veía muy guapo. Cuando entramos, el club vibraba con el ritmo de la salsa y de fondo se oía el susurro de la gente. El ambiente olía a licor. Mi mente iba a 90 millas por hora. Joe se volvió hacia mí y me sonrió.

—Este sitio está como a mí me gusta, lleno de mujeres guapas.

Sonreí.

Bailamos con las mujeres más guapas del club, y yo sentía la presencia de los espíritus buscando, intentando encontrarme un blanco, alguien con quien hablar, a quien predecirle el futuro, pero para mi sorpresa, no había nadie allá. Me pareció extraño, pero seguí bailando con distintas mujeres y conociendo a gente nueva. Cuando bajó la intensidad de la música y el camarero del bar gritó:

—¡Última ronda!—, atravesé la pista de baile y le dije a Joe que era hora de irse.

—¿Ya? ¡Ahora que estoy empezando a conocer a Wanda! —exclamó arrastrando las palabras debido a los efectos del alcohol.

—¡Ahora! —dije bruscamente, sin mirar a la chica si quiera—. Vámonos.

La ira me hervía en el pecho por el fracaso de mi misión de aquella noche.

Para mi sorpresa, al salir del club uno de los espíritus me susurró: —Mira a tu derecha.

Allá sentado había un mendigo en una silla de ruedas, pidiendo dinero en la puerta del club. Fijé mis ojos en él y me acerqué, sabiendo perfectamente que sería mi presa esa noche. Cuando llegué hasta donde estaba sentado aquel hombre, ya no era yo: estaba medio poseído.

—¿Quieres hacer una apuesta? —le pregunté con expresión desdeñosa.

Sorprendido, el mendigo guardó silencio y me miró primero a mí y luego a Joe para ver de qué se trataba.

—Vamos, hermano, déjalo en paz —dijo Joe, dándome un codazo.

Pero no le hice caso y miré al hombre de la silla de ruedas.

—Digo que si quieres hacer una apuesta. Yo estoy dispuesto a apostar el dinero que me queda en el bolsillo contra lo que tú tengas en tu patético vaso de cartón. Eso es lo que has conseguido en toda la noche, ¿verdad? —añadí con una sonrisita siniestra.

—¿Sobre qué vamos a apostar?

Mi sonrisa se congeló.

—Sobre tu vida.

Se rió, nervioso.

—De acuerdo.

—Bien —dije—. Puedo contarte la historia de tu vida entera en diez minutos, y cómo acabaste en una silla de ruedas. ¿Aceptas el reto?

El hombre se encogió de hombros.

—No tengo nada que perder.

—Sólo tu alma —murmuré—. Hoy es tu día de suerte.

A medida que le describía su vida, pude ver que poco a poco se iba quebrantando espiritualmente. Lo que comenzó con una risita y una sonrisa terminó en lágrimas y pesar. Sabía que lo tenía justo donde quería, hasta tal punto que intenté forzarlo a levantarse de la silla y hacerlo andar, aunque era paralítico.

— ¡Levántate, mendigo asqueroso! ¡Levántate y hazme frente como un hombre! —grité.

El mendigo se acurrucó en su silla de ruedas, se cubrió la cara con las manos y rompió a sollozar en la ahora silenciosa noche.

Joe no sabía qué hacer ni qué decir. Yo sabía que aquel hombre estaba destinado al infierno cuando yo acabara con él. Gané la apuesta. Tomé su vaso lleno de monedas y lo tiré en la calle.

Dejé al mendigo sollozando en un mar de lágrimas, pero antes de irme, me incliné hacia él y le dije en voz baja:

—Eres un desperdicio de persona en el planeta Tierra. Nadie te quiere. ¿Por qué no te haces un favor a ti mismo y te mueres?

—Ahora es hora de irnos —le dije a Joe, señalando con la cabeza la dirección en la que debíamos caminar. Noté que se le quebraba la voz al intentar hablar, como si tuviera un nudo en la garganta. Lo único que le salió fue:

—John, John .

Levanté la vista y vi que Joe tenía lágrimas en los ojos.

—¿Qué pasa? —le solté. —¿No puedes soportarlo? ¿Tú no adoras al diablo igual que yo?

Joe se quedó parado, sacudiendo la cabeza.

—John, no puedo seguir saliendo contigo. Has llegado demasiado lejos.

Esa noche comprendí que había alcanzado tal lugar en mi relación con el diablo que había dejado atrás a muchos otros que estaban en el mismo círculo de lo oculto. Cuando llegamos a su edificio, era evidente que Joe había llegado a su punto límite. No importaba que fuera agente de policía y que hubiera visto tantas cosas duras en el mundo en que vivimos. Lo que vio esa noche lo había empujado más allá de su límite.

Me volví hacia él por última vez.

—Eres una decepción para la religión. Creía que querías ascender de rango, pero veo que realmente no estás entregado a los espíritus. Vete al infierno. Adiós.

Mientras me alejaba caminando hacia mi casa, me sentía invencible, como si pudiera enfrentarme al mundo entero. Los faroles iluminaban la acera con una luz plateada. Al ir cruzando las calles, sentía el ya conocido instinto depredador revolviéndose en mis entrañas. Miré alrededor para ver si había alguien en la avenida a quien pudiera atacar, pero las calles estaban tan vacías como el cementerio por el que merodeaba de vez en cuando.

Tocando fondo

Los meses pasaron y se convirtieron en años mientras yo seguía dedicando todo mi tiempo a complacer a Satanás y a los dioses espíritus de mi religión. Pero extrañaba a mi hija Amanda tanto que me dolía. Me sentía espiritualmente exhausto por prestarles mi cuerpo a las fuerzas demoníacas, salir a cazar víctimas en los clubs y sentir el peso de la pérdida que me producía la creciente ausencia de Amanda en mi vida. Cuanto más crecía, menos tiempo tenía para mí.

Una mañana me levanté y de repente lo vi todo claro, como si le hubiera dado a un interruptor.

—No puedo seguir así —pronuncié en voz alta—. No me importa morir—porque la muerte era casi segura. Cualquier persona que intentara dejar la religión se enfrentaba a la pena de muerte y en poco tiempo se convertía en víctima de algún accidente extraño o de una enfermedad repentina. Yo lo había presenciado en varias ocasiones.

Cuando empecé a desobedecer las peticiones de los demonios, mi vida empezó a desmoronarse. Dejé de hacer los rituales y de acudir a ciertas reuniones de brujería. Al empezar a perder poder, mi vida se convirtió durante unos dos años en un verdadero infierno en la tierra. Durante el largo proceso de mi divorcio perdí un trabajo en una empresa de naviera donde ganaba $40,000 dólares al año. Nadie sabía lo que me pasaba. Yo sabía cómo hacer que la gente pensara que todo me iba bien. Pero la verdad era que sin trabajo ni dinero acabé sin hogar, viviendo en el apartamento del que me habían echado, que había quedado vacío. Cada noche trepaba por la ventana para no tener que quedarme en la calle.

Durante el día iba de un lado para otro como un zombi, sin saber qué hacer ni adónde dirigirme. Mi vida estaba rota en pedazos, y no sabía cuándo volvería a estar entera. Cuando la luz del día empezaba a apagarse y la oscuridad se imponía en la tierra, yo fingía ser el hombre que había sido, siempre con un sitio adonde ir, cosas que hacer, gente que ver. Deambulaba por las calles de Castle Hill en un ritmo sin rumbo hasta altas horas de la madrugada. Al doblar las esquinas sólo veía aceras y edificios de cemento, y el aire olía a muerte. Me preguntaba cuánto tiempo me quedaba acá en la tierra.

Cuando me acercaba a mi edificio, miraba alrededor antes de doblar la esquina del callejón sin salida al que daba el apartamento para asegurarme de que nadie me seguía. Hacía como que buscaba algo en el piso, y luego daba un salto, abría un poco la ventana de delante, y me colaba en el oscuro y vacío apartamento que llamaba mi casa. Allá me acurrucaba en el piso, sin calefacción con que contrarrestar el terrible frío y caía en un sueño intermitente.

Pero muchas veces el sueño se me escapaba y pasaba la noche mirando el apartamento que en otro tiempo había estado lleno de vida. En mi mente, oía la risa de mi hija corriendo por el apartamento. La veía jugando en el centro de la habitación con sus juguetes y sus muñecas. La oía llamarme: *¡Papi, papi!* Cuando por fin me quedaba dormido, me despertaba en mitad de la noche esperando que estuviera allá para poder abrazarla y besarla y decirle cuánto la amaba. Pero en vez de la risa infantil de Amanda, lo que oía era el sonido de las ratas que corrían por el salón. Ésa era mi realidad, y no conseguía despertarme de ella.

Me quedaba dormido llorando en el frío y duro piso del apartamento rodeado de oscuridad. Era un cruel recordatorio de cómo era mi vida ahora: oscura, sin luz. ¿En qué me había equivocado? La vida no tenía sentido. Las cosas siguieron así hasta que acabé en manos de la asistencia social y encontré un apartamento que podía permitirme en la Avenida McGraw, frente al edificio donde vivía mi madre.

Pierdo la vista

Como no regresé a la religión por completo, recibí un castigo aún mayor, una maldición que me recordó la época de mi iniciación en la Santería cuando era niño. *Tú hijo está a punto de perder la vista* Recordaba que Cookie se lo había dicho a mi madre cuando yo tenía diez años. Ahora la antigua maldición había venido a reclamarme debido a mi desobediencia hacia los espíritus. De repente las retinas de mis dos ojos empezaron a desprenderse. Para corregirlo, me sometí a varias operaciones —siete en total—, una detrás de otra, pero no sirvió de nada. Me quedé ciego. Nacer ciego es una cosa, pero perder la vista después de haber podido contemplar el firmamento, los pájaros, el rostro de los miembros de tu familia, de tus amigos, e incluso de aquellos que odias, es otra cosa bien distinta.

¿Qué me había hecho la vida ahora? Tras treinta años viendo todo lo que quería ver, ahora no podía ver ni mi propia mano delante de mi cara. ¿Estaba Dios castigándome? ¿O probándome? ¿Por qué habría podido ver durante treinta años y de repente no ver nada? La experiencia de cada persona ciega es única. Para mí, era como si una niebla grisácea hubiera caído sobre mi visión, o como si un día nublado se hubiese asentado sobre mis ojos. ¡Qué experiencia! Aprendí a depender del oído y del tacto.

Cuando estás ciego, de repente ansías las cosas más curiosas, las cosas pequeñas que antes no te importaban, o que nunca te parabas a mirar, y esos pensamientos no se te van de la cabeza. La vida es gris, y no por gusto. Es como una dimensión distinta en que tu mundo se cierra alrededor de ti. Es como vivir en tu propio mundo sin que nadie te visite. Lo que era importante en otro tiempo ya no te importa. El vacío y la pena se convierten en tus compañeros.

Los médicos me dijeron que tenía dos opciones para poder desplazarme: un perro lazarillo o un bastón.

Fue entonces cuando mi madre decidió que había llegado el momento de mudarme más cerca de ella. Por entonces vivíamos en el mismo edificio, ella en la planta dos y yo en la doce, pero ahora me quedaría en su apartamento. Ella sabía que yo había estado metido en esa loca religión, pero no le daban miedo mis demonios. Yo era su hijo y ella quería cuidarme bien.

Mi vida se paró. Habiéndolo perdido todo, hasta la vista, pasaba el tiempo acostado en uno de los cuartos del apartamento con un tratamiento de gotas oftálmicas cada cuatro horas. Escuchaba el tictac de un reloj en alguna parte del apartamento, contando los segundos de mi nueva vida, segundos que parecían hacerse eternos en medio de la nada. Los médicos habían prescrito que pasara doce horas acostado boca arriba y doce horas boca abajo después de echarme las gotas en los ojos. Doce horas boca arriba y doce horas boca abajo. Sólo se me permitía levantarme para ir al baño, ducharme y comer. Y así fue durante seis meses. No podía sentarme, ni salir. La situación me pasó factura psicológicamente, y tendido en la cama pensaba en los buenos ratos que había pasado en los clubs.

—¡Mamá! —gritaba desde la cama—. ¿Qué hora es?

Y ella me contestaba. Si eran las 11.30 de la noche yo recordaba cuando bailaba con mujeres hermosas, o cuando llevaba un alma a mi oscura religión prediciéndole el futuro en una habitación llena de humo. Recordar el pasado y cómo realizaba mis actividades diurnas y nocturnas me ayudaba a mantener la cordura.

En la cita siguiente, dos semanas después, el médico examinó la retina de mi ojo derecho. Mi visión no mejoraba, y eso significaba que había llegado el momento de tomar medidas drásticas.

El médico se volvió hacia mí y susurró:

—Hoy vamos a llevar a cabo un procedimiento que será uno de los más duros que experimentes en tu vida. No emplearemos anestesia.

—Haga lo que tenga que hacer. Lo que sea está bien —le dije sin darme cuenta de lo que estaba a punto de ocurrir.

El médico fue a buscar una aguja enorme que debía de medir unas seis o siete pulgadas. Luego volvió, se sentó y me dijo:

—Debes estarte quieto, agarrarte a la silla con ambas manos y mirar hacia mí. No parpadees. Voy a insertar esta aguja en tu pupila de manera que pueda llegar al fondo del ojo por detrás de la retina y formar una bolsa de aire. Eso hará que tu retina se cure más rápido.

Cuando me metió la aguja en el ojo, me agarré a la silla con todas mis fuerzas y sentí que se me helaba la sangre. No podía moverme ni parpadear mientras el médico seguía empujando la aguja hacia dentro de mi ojo.

Pero por mucho que hicieran los médicos, la desilusión en la voz de mi madre pintaba un cuadro que yo no quería ver. Iba a estar así durante mucho tiempo.

En la siguiente cita volví a recibir malas noticias. Ya sabía que mi grado de visión era bajo, pero esta vez el médico usó un término que hizo que mi estómago me pareciera una bolsa llena de piedras: legalmente ciego.

Hacia el final del otoño de ese año tuve una entrevista con un consejero de la Comisión para las Personas Ciegas, y aceptaron mi caso. Me evaluaron y me pusieron en un programa diseñado específicamente para mí mientras los consejeros controlaban mi progreso. Aprendería a hacer todas las cosas que hacen las personas ciegas para sobrevivir.

Una mañana, después de no poder ver durante casi un año, me levanté y sentí algo extraño en los ojos. Distinguí una luz.

—¡Mamá, ven rápido! —grité desde mi cuarto.

—¿Qué pasa, John? —preguntó mi madre mientras cruzaba la puerta.

Levanté la mano y la moví de un lado a otro delante de mis ojos. Una luz tenue desde la ventana creaba la iluminación suficiente para que yo viera el movimiento, aunque de manera muy débil.

—John, ¿quieres decir que ?

Las palabras de mi madre se detuvieron y su voz se quedó atascada en la garganta.

—Veo.

Me permitieron salir regularmente bajo supervisión, y con el tiempo recuperé la vista por completo. Les conté mi experiencia a otros miembros de la religión, y poco después volví a la brujería con una nueva devoción. Estaba muy agradecido a los demás brujos y brujas por rezar por mí, y a los espíritus por ayudarme en mi necesidad. El agradecimiento que sentía me propulsó con mayor intensidad aún al lado oscuro y volví a servir al diablo y a lanzarles hechizos a los que se interponían en mi camino. También seguí reclutando nuevos adeptos en bares, clubs, o donde fuera que los encontrara. Los atacaba prediciéndoles el futuro, y luego los destruía.

Un demonio volador

Ahora que había vuelto a dedicarme al mundo demoníaco, los espíritus me asignaron una nueva tarea, y me otorgaron el poder y la habilidad requeridos para realizarla. Mientras dormía, en la noche, salía de mi cuerpo y sobrevolaba los barrios, burlándome de las personas que vivían en ellos y maldiciéndolas. Atrapado en sueños extraños, me veía transportado a diferentes barrios dentro de los cinco municipios de la ciudad de Nueva York. Estas experiencias extracorpóreas me permitían tener dominio sobre las comunidades. Me sentía diabólico, demoníaco, como un vampiro, y sabía que aquellas personas ignoraban por completo mi presencia. A veces incluso tomaba tierra y caminaba por los barrios, trayéndoles maldiciones, mala suerte, y un aura de brujería.

Sin embargo, en algunos barrios encontraba una fuerte resistencia y al principio no conseguía entender de dónde venía la oposición. En esos barrios había gente esperando que yo bajara, pero cuando llegaba al piso, una multitud de personas me perseguía varias cuadras y yo no podía maldecirlos. Frustrado, me iba volando de nuevo, sobrevolando a la altura de las luces, y ellos me miraban allá arriba. Por fin me di cuenta de que eran esos horribles cristianos que estaban orando por sus barrios, por sus comunidades, por sus familias —eran las oraciones de la gente que yo más detestaba. En los barrios donde había cristianos orando, yo no podía penetrar. Podía entrar, pero no podía llevar a cabo mi propósito. En esos casos, me iba al barrio siguiente. Era lo que estaba llamado a hacer, y además me encantaba hacerlo.

Capítulo 9

Le vendo mi alma al diablo

El día que descubrí el Palo Mayombe en el sótano de mi tía María —cuando conocí al padrino con el rango más alto de la religión— fue un momento clave en mi vida. Sabía que estaba llegando a un nivel dentro del mundo espiritual que otros no podían ni imaginarse. En el Palo Mayombe se trata directamente con el diablo. Se aprende a hacer que los espíritus malignos le obedezcan a uno. Cuando salí de casa de mi tía María, ya era de noche. De camino a casa, me sentía ilusionado. Sabía que tenía que reunir el dinero para la ceremonia de iniciación, que me costaría 3.500 dólares llegar a ser Palero, un sacerdote del lado oscuro, pero lo consideraba una buena inversión.

Unos días después nos reunimos todos en casa de mi tía María, y el alto sacerdote tata nos dio los detalles de la ceremonia final a los que habíamos sido elegidos para convertirnos en sacerdotes del Palo Mayombe. Nos explicó cómo sería el procedimiento: a qué hora debíamos llegar y qué ropa debíamos ponernos, pero primero se realizaría un ritual en las montañas en la noche. Eché un vistazo a mi alrededor. Junto a mí había dieciséis hombres dispuestos a firmar un contrato con el diablo. El tata nos dijo que cuando se inicia el viaje para convertirse en Palero, ya no hay vuelta atrás. Los espíritus sentencian a muerte a cualquier cobarde que no complete el ritual.

Un hombre que estaba al otro lado de la habitación me miró, pero apartó la vista inmediatamente. Veía el miedo en su rostro; otro parecía perplejo, sin saber si decir sí o no, pero todos éramos conscientes de que decir no significaba no sólo firmar tu sentencia de muerte, sino ser una vergüenza para la religión. La habitación vibraba de miedo y emoción. Estábamos caminando hacia algo desconocido, entrando en un agujero negro denominado Palo Mayombe.

Ritual en las montañas

Dos semanas después nos reunimos en el Bronx y manejamos hacia las colinas. Llegamos allá a las cinco de la tarde. Ya oscurecía cuando salí del carro. Formamos un círculo con el padrino, y pude ver en sus ojos que ya estaba medio poseído. Llevaba en la cabeza el mismo pañuelo que recordaba de cuando lo conocí en casa de mi tía María. Todos guardamos silencio esperando sus instrucciones.

El tata inclinó la cabeza hacia atrás con los ojos medio cerrados.

—Mi padre, soy tu hijo —entonó con voz cantarina. Vengo a la montaña, vengo a tu casa. Te pido permiso para entrar en tu presencia. Te amo, te amo, te amo. Soy tu hijo recibe esta ceremonia y la ofrenda que te traigo

Mientras cantaba, tomó una botella de ron blanco en una mano y un cigarro en la otra. Entonces se dio la vuelta para empezar a subir la montaña y pasó adelante, indicándonos el camino con el humo del cigarro, vertiendo el ron, y lanzando veintiuna monedas de un centavo como gesto de respeto a los espíritus que nos esperaban en lo alto de las colinas: Zarabanda, Siete Rayos y Madre Agua. Los demás lo seguíamos, repitiendo sus palabras como si fuera un coro. Algunas personas que estaban en el área de juegos y en el estacionamiento nos miraron extrañados, pero no nos importó. Nos sentíamos valientes y audaces mientras aquellas personas observaban con los ojos bien abiertos cómo el alto sacerdote nos guiaba ofreciendo cánticos a los espíritus. Un segundo sacerdote llevaba un enorme machete en la mano, sosteniéndolo en alto mientras subíamos la montaña.

Los pinos oscuros y los robles desnudos destacaban como siluetas negras en la cima de la montaña, y el frío nos llegaba hasta los huesos. El sacerdote se acercó específicamente a un árbol del bosque. Lo roció con el ron que tenía en la boca, luego exhaló humo de su cigarro y colocó el machete en la tierra delante del árbol. A cada lado de la hoja dibujó una línea recta con símbolos de calaveras y cruces. Se volvió de espaldas al árbol en señal de respeto hacia los espíritus y prendió pólvora sobre el machete. Se formó una nube de humo negro. Ante la pequeña explosión, alguien dio un grito entrecortado. Quería ver quién había sido, pero me contuve ya que el ritual exigía total respeto y atención.

—Ustedes dos pasen al frente; los demás quédense detrás de ellos —exclamó el tata, mirándome fijamente a los ojos.

Con un gesto nos pidió a mi tía María y a mí que fuéramos los primeros. Nos acercamos al árbol de dos en dos, nos subimos los pantalones por encima de las rodillas, nos quitamos los zapatos y los calcetines, y nos arrodillamos en la fría tierra. Los hombres nos quitamos la camisa también. Mi tía y yo apoyamos las manos en el árbol mientras que el tata rociaba ron y exhalaba humo sobre nosotros, cantando en un idioma extraño.

No pudimos movernos ni abrir los ojos durante unos quince minutos —una eternidad cuando la temperatura se acerca a los cero grados. Hacía tanto frío que las palmas de la mano se me quedaban pegadas al árbol por la escarcha y mi cuerpo temblaba como una hoja. Pero no pensaba echarme atrás. Estaba fascinado, no asustado. En el claro del bosque se percibía un poder que casi se podía tocar. Era indescriptible.

Después de que todos los iniciados completáramos el ritual, volvimos a bajar la montaña. El padrino empezó a cantar de nuevo, y nosotros repetimos sus cánticos. Al pie de la montaña, las personas que aún estaban allá nos miraban como si hubieran visto un fantasma. Dándome cuenta de la ironía, me reí para mis adentros. *No un fantasma, sino algo mucho más poderoso.* Entramos en nuestros carros y nos fuimos.

Pierdo el alma

La parte final de la ceremonia sacerdotal tuvo lugar una semana después, en el sótano de mi tía María. Ese día no se nos permitía tomar ningún alimento desde las doce del mediodía en adelante, y la ceremonia empezaba a las seis de la tarde. Me sentía muy emocionado. Al llegar la medianoche, le pertenecería a Satanás, y mi cuerpo llevaría las marcas que lo probarían. Me acerqué a la casa caminando y desde fuera pude oír el ritmo de las congas vibrando en la noche. El sonido de los cánticos del interior indicaba que los que habían acudido a la ceremonia — experimentados sacerdotes de la religión— estaban convocando a los espíritus, creando la atmósfera espiritual para lo que iba a ocurrir esa noche.

La mañana después de la ceremonia, entré en el baño silenciosamente, me acerqué al espejo y miré mi reflejo. Mis ojos brillaban con un fuego interior que hablaba del contrato que había firmado la noche anterior. El corte en forma de cruz de mi frente todavía supuraba y me dolía, y el resto de los cortes que tenía en el cuerpo escocían como siempre lo hacen las heridas que no se tratan, especialmente después de haber dormido en el frío cemento del piso. Me cambié de ropa —me vestí completamente de blanco— y me puse una gorra para ocultar la herida de la frente. No quería despertar a los otros iniciados, que seguían dormidos en el piso del sótano, así que salí tan silenciosamente como pude y me dirigí al restaurante más cercano.

Aunque era temprano, en el restaurante ya había muchas personas tomando el desayuno, y mientras esperaba en la cola del mostrador, pensé en todo lo que había pasado la noche antes.

—Siguiente ¿Qué desea? —preguntó la empleada.

La miré, y ella retrocedió, asustada. Al instante supe que aquella mujer podía ver el mal en mí.

—Un donut de chocolate y un chocolate caliente —le contesté, mirándola fijamente.

La mujer marcó lo que le había pedido en la caja con manos temblorosas.

—¿Está usted bien? —preguntó con voz tímida.

Me levanté la gorra y le enseñé la cruz que tenía tallada en la frente.

—Le vendí mi alma al diablo anoche.

La mujer se puso pálida.

—¡Oh, Dios mío!

—¿Hay algo más que quiera saber? ¡Deme mi donut ya!

Tiré el dinero en el mostrador y esperé a que me dieran lo que había pedido. Mientras esperaba, sentí la presencia de otra cosa en el restaurante, pero no sabía exactamente lo que era. Miré por todas las mesas, pero sólo vi clientes, gente normal tomando su desayuno y su dosis diaria de cafeína. Años más tarde me enteré de que una mujer que estaba sentada con una amiga en una mesa al fondo me vio todo vestido de blanco y se dio cuenta de que era Palero tata. Sin que yo lo supiera, esa señora levantó las manos en oración aquel día, en oración por mí.

Una misión para los demonios

Mi pacto con el diablo me llevó a pasar aun más tiempo en bares y clubs. Los frecuentaba tanto que me sentía más cómodo allá que en mi propia casa. El sabor del vino y el sonido del jazz y la salsa se mezclaban en una constante bruma en que realizaba maleficios de día y reclutaba almas de noche.

Había un club en mi barrio que se había puesto de moda, y un martes en la noche me arreglé y me dirigí allá solo porque en aquel tiempo casi nadie de la religión quería salir conmigo; como Joe, pensaban que había llegado demasiado lejos. Era un mundo de celos, una religión de amor/odio, y la gente no quería estar contigo si pensaban que tú tenías más poder que ellos. Incluso los camareros temían verme llegar porque sabían que robaría a todas las mujeres bellas del bar. Yo podía leerlo en sus ojos: *Ahora que estás acá, no tenemos ninguna oportunidad.*

Un portero enorme recogía el dinero de la entrada en la puerta del bar. Cuando me vio, el miedo lo agarró y me hizo un gesto con la mano para que entrara.

—Siga, hombre. Adelante... no se preocupe.

—Fantástico —le dije, y empecé a caminar hacia adentro.

—Un momento —exclamó el portero, y me dio unas fichas con las que podría conseguir bebidas gratis.

Mientras entraba saludé a algunas personas que conocía, me senté en un rincón del bar y miré hacia el otro lado. Allá estaba Carlos, un agente de policía de Nueva York que también estaba en la religión, así que me acerqué a él y empezamos a conversar.

Una muchacha llamada Jennifer, una de mis muchachitas preferidas, se había desplazado desde el centro hasta el Bronx para estar conmigo. Ya entrada la noche, me localizó en el bar. Se la presenté a Carlos y juntos empezamos a hablar y a reírnos. A Jennifer le gustaba moverse por el local para llamar la atención. Era preciosa, con ojos castaños, y todo el mundo la miraba en cuanto entraba en una habitación. La joven se paseó por el bar, echándose el pelo para atrás con un movimiento de cabeza mientras mi amigo y yo seguíamos hablando de la religión y de su trabajo de policía.

—Oye, John —dijo Carlos un poco después, dándome un codazo—. Tu amiga está allá, entreteniendo a dos hombres en el bar.

Miré en la dirección que él me indicaba y me encogí de hombros.

—¿No vas a hacer nada al respecto? Si quieres, yo te cubro.

Tomé un trago de vino y dejé la copa sobre la barra.

—Ella es sólo es un adorno, Carlos. No te preocupes. Te aseguro que al final de la noche estará a mi lado de nuevo.

De repente se me ocurrió una idea.

—¿Quieres ver hasta dónde llegan mis poderes demoníacos? —le pregunté a Carlos.

Él asintió, así que llamé al camarero de bar y le pedí una servilleta blanca y un bolígrafo. Dibujé unos símbolos de Payo Mayombe en la servilleta para convocar a los espíritus y pedirles que confundieran el ambiente en el bar. Siete Rayos apareció. Podía sentir su presencia. Sabía que después de aquello el bar no volvería a ser igual. La temperatura subió como si el lugar estuviera en llamas; la gente no sabía lo que estaba ocurriendo y parecía inquieta.

Hacia el final de la noche, Jennifer saltó de su asiento al otro lado del bar, se dirigió adonde yo estaba y me rodeó con su brazos. Los dos hombres con los que había estado empezaron a caminar hacia mí. Yo los miré y sonreí, señalándolos con el dedo.

—Ustedes son agentes de policía —afirmé.

Ellos se quedaron helados porque no iban de uniforme; eran policías encubiertos.

—Verán —dije—. Ella se viene conmigo. Pero ustedes dos aprenderán una lección hoy que jamás olvidarán, pero no por causa de ella. Ella no significa nada para mí.

Los hombres parecían perplejos.

—¿De qué habla, hombre? ¿Qué intenta decirnos?

Los miré de arriba abajo.

—Ustedes saben de lo que hablo. Son agentes de policía y voy a darles una lección sobre el respeto a los demás. Esta noche se han metido con el diablo.

Me di la vuelta y me fui con Jennifer.

Tres semanas después estaba aburrido en casa y decidí pasarme por el club del barrio. Cuando me senté, Louie, el camarero del bar, se me acercó y me saludó:

—¿Qué hay de nuevo?

—Nada —respondí—. Lo mismo de siempre. Me apetecía escuchar un poco de jazz y tomar una buena copa de vino.

—Para ti, lo que quieras, John —dijo.

Me senté, y unos minutos más tarde vino Lou y se inclinó hacia mí.

—Hay dos señores al otro lado del bar. Les da miedo acercarse, pero quieren saber si pueden invitarte a una copa.

Miré al otro lado del bar y reconocí a los dos hombres con los que me había encontrado hacía tres semanas, los que habían estado con Jennifer.

—Lou, no hace falta que me inviten —exclamé—. Yo tengo dinero. ¿Quiénes son para pensar que pueden pagarme la bebida? Si quieren hablar conmigo, que vengan.

Los dos hombres empezaron a caminar hacia donde yo estaba, mirándome con respeto y miedo.

—¿Podemos hablar con usted un momento? —preguntaron—. Yo soy Rick, y éste es mi compañero Tony.

—¿En qué puedo ayudarles? —dije.

Rick fue el primero en hablar.

—Llevamos tres semanas buscándolo. Queríamos decirle que lamentamos lo que pasó la otra noche con la muchacha. Nos hemos mantenido alejados de ella; no la hemos llamado. Queríamos que supiera que en nuestro apartamento sucedió algo que jamás habríamos imaginado. Queremos hacer las paces con usted, así que, lo que quiera que sea que envió a nuestro apartamento, ya puede llevárselo.

Yo me reía por dentro. Sabía lo que había pasado, pero actué como un niño inocente, esperando a que me contaran lo que había ocurrido.

Rick miró a Tony y empezó a hablar.

—Cuando llegamos a casa, decidimos acostarnos y nos fuimos cada uno a nuestra habitación. En algún momento de la noche, cuando ya estábamos dormidos, oímos ruidos en el salón y en la cocina, como si una persona estuviera caminando por el apartamento. ¡Era increíble! Los dos sentíamos lo mismo, pero estábamos en habitaciones distintas. Se oía el tintineo de los platos y el sonido sordo de las pisadas, y el apartamento estaba frío como el hielo. Paralizados por el miedo, conseguimos por fin tomar nuestras armas y nos levantamos. El sonido iba aumentando a medida que nos acercábamos al salón, y cuando llegamos a la habitación oímos una risa maníaca, aunque veíamos que allá no había nadie.

Rick se giró y miró a su amigo Tony.

—¿Verdad, Tony? ¿No fue así?

—Mire mi colgante de San Lázaro —exclamó Tony—. Se retorció por completo. Estuvimos despiertos toda la noche. Lo que queríamos hacer era salir corriendo, y no conseguimos conciliar el sueño. Lo mismo sucedió varias noches seguidas. Entonces decidimos venir al bar y hacer las paces con usted. Queremos disculparnos si ha habido algún malentendido. ¿Está todo bien?

—La próxima vez que me falten al respeto, tendré que acudir a su funeral —dije mientras bebía de mi copa de vino como si nada—. Quitaré el demonio que envié a su casa, pero que no vuelva a pasar.

A partir de esa noche nos hicimos buenos amigos.

Brujo de alquiler

Lanzar hechizos no sólo es lo que hacen los brujos, sino que es lo que hacen para ganar dinero, y si eres de los buenos, las oportunidades pueden resultar muy lucrativas. Cualquier persona que buscase un camino más corto para llegar al éxito, influencia con la gente adecuada, o un brujo mercenario para acabar con alguien, me llamaba a mí. Si pagaban lo suficiente y el trabajo me gustaba, lo aceptaba. Un día me encontré a un amigo mío llamado Big John. Big me pidió que lo ayudara a encontrar trabajo porque sabía que yo tenía mucho poder. Lo que yo tenía era algo grande; era Palero tata, el escalafón más alto dentro del ocultismo. Naturalmente, el hechizo funcionó. Big consiguió el empleo de sus sueños, pero a cambio de algo: a partir de entonces su vida se debía a los espíritus demoníacos que la controlaban.

Big y yo teníamos mucho en común: carros rápidos, mujeres hermosas, licores suaves, y clubs ruidosos. A veces lo veía cuando iba al club del barrio. La primera vez que lo vi después de mi intervención, se me acercó para pedirme un favor para una amiga suya, una muchacha llamada Courtney, que tenía problemas. Me lo dijo varias veces, pero yo me negué. Sin embargo, él insistió, diciéndome que me pagaría lo que fuera por mis servicios.

Me reí de él.

—¿Te parece que necesito dinero?

Me mantuve alejado de Big durante algún tiempo porque no quería ayudar a Courtney, pero dos meses después me lo encontré de nuevo, y volvió a pedirme lo mismo. Ya estaba harto, así que decidí pedir consejo en una fiesta demoníaca a la que asistí, en la que muchos médiums estaban poseídos. Le pregunté a un espíritu si le parecía bien que ayudara a Courtney. El espíritu me dijo que no le negara mi ayuda ni a Courtney ni a ninguna otra persona que me la pidiera porque eso alegraría a los espíritus de mi vida. Unos días más tarde vi a Big John y le comuniqué que ayudaría a su amiga.

Big me dio el número de teléfono de Courtney, así que la llamé al trabajo y acordamos que vendría a mi casa para que le leyera las cartas.

—Ven con Big John a las ocho —le pedí. Como era una completa desconocida para mí, antes que nada tenía que descubrir qué tipo de favor quería y por qué.

La noche de la lectura, Big se presentó en mi casa con Courtney. Los acompañé al salón, y Courtney me entregó una bolsa de papel. La abrí para inspeccionar el contenido. Bien. Había traído todo lo que le había pedido: las velas, el licor, veintiún dólares y veintiún centavos. Les dije que se sentaran y se relajaran mientras yo iba a la cocina a buscar unos refrescos. Mientras esperaban, entré en mi armario, cerré la puerta y repetí unos cánticos, exhalando humo de cigarro sobre el caldero hasta que aparecieron dos demonios de alto rango.

El caldero, o Joya, es una olla de hierro de más de cien libras de peso que tiene grabada la cara del diablo. Es una parte importante de la brujería, un lugar de encuentro con el diablo y sus demonios, un lugar de puro mal que te agarra de la cabeza a los pies. Es el lugar del diablo, donde lo sobrenatural se encuentra con lo natural para inducir poderes que sobrepasan el entendimiento humano, y el mal se puede sentir y tocar. Se puede usar para matar, para robar, y para destruir a los que se interponen en tu camino. Yo era un asesino a sueldo en el mundo sobrenatural que podía acabar contigo, con tu familia o con cualquiera, siempre que alguien me contratara. ¿Cómo se puede detener algo tan malvado e invisible cuando es enviado para atacarte y destruir tu vida? Ése es el propósito del caldero, y yo era uno de los mejores en el uso de esta herramienta demoníaca para traer el infierno a la tierra.

Sentí la presencia de los demonios, y sabía cuáles eran. Se introdujeron en mi espíritu. Pocos minutos después, me había transformado en alguien que no era yo, poseído por uno de los demonios. Aunque estaba poseído, era plenamente consciente de lo que tenía que hacer. Había llegado el momento de empezar la lectura de Courtney. Pero todo tenía que salir bien. Era un momento sagrado. En el salón, Courtney se sentó frente a mí al otro lado de la mesa. Todo estaba preparado. Entonces empezaría el interrogatorio.

—Cualquiera que sea mi pregunta, quiero que contestes sí o no. No quiero explicaciones ni historias. ¿Entiendes?

Ésa fue la primera pregunta que le hice. Era una prueba.

—Sí —respondió.

La miré fijamente a los ojos y le hice la siguiente pregunta.

—Sé que provienes de un hogar roto donde abusaban de ti. ¿Sí o no?

—Sí.

Hasta el momento decía la verdad.

—Además, tu novio ha abusado de ti físicamente. Y has tenido dos abortos provocados y uno espontáneo.

Tenía que responder afirmativamente.

—Sí.

Antes de empezar la lectura, yo había dibujado unos símbolos demoníacos en el piso, y a medida que le iba diciendo cosas de su vida, los símbolos parecían estar en llamas.

—Sé que te despidieron de tu trabajo.

—Sí —dijo.

—¿Una tienda de zapatillas de deporte?

—Sí.

—Sé que robabas en la tienda.

Courtney se calló.

—No… no…

Los demonios me dijeron que detuviera la lectura. Golpeé la mesa con el puño.

—¡Eres una mentirosa! Fuera, y no vuelvas jamás.

Courtney rompió a llorar.

Big John no podía creerse lo que estaba pasando. Le contesté antes de que hiciera la pregunta. —Esta desgraciada estaba intentando engañarme.

Courtney se explicó: —Mentí sólo para ver si tú eras de verdad.

—¿Quieres ver si soy de verdad? —le dije—. De acuerdo. Te lo demostraré. Le robaste $20,000 dólares a tu jefe, y él te denunció y quiere meterte en la cárcel.

Courtney empezó a llorar de nuevo.

—Fue mi novio. Me dijo que me dejaría si no cuidaba de él.

—Tú mantienes a ese desgraciado, ¿verdad? —le pregunté.

No hacía falta que me dijera que todos los hombres que entraban en su vida la trataban de la misma manera.

—He ido a muchos adivinos —afirmó Courtney—, pero todos eran unos farsantes. No conozco a nadie como tú.

Le dije a Courtney que se fuera porque yo no trataba con mentirosos, pero me rogó que la ayudara a solucionar su problema. En ese momento un demonio me susurró: —*Dile que en su próxima visita puede hacer un pacto con nosotros.*

Cuatro días después, volvió a mi apartamento para iniciar el ritual de brujería. Big John la acompañó como testigo. Traía todos los ingredientes, una receta del infierno para destruir a todas las personas que la acusaban. Iba a ser un encuentro muy serio. El castigo de la estupidez sería la muerte.

Courtney accedió a hacer todo lo que quisieran los demonios. Si la encontraban culpable en el juicio, sería condenada a cinco años de cárcel y a pagarle $20,000 dólares a su antiguo jefe para compensar sus pérdidas. Los demonios prometieron que si ella cumplía con su parte del contrato, no tendría de qué preocuparse.

El primer paso para conseguir que Courtney fuera absuelta era una purificación espiritual. No se trataba de una ceremonia de iniciación para introducirla en la religión, sino más bien un ritual usado para conseguir sacar a la gente de situaciones en que eran culpables. El ambiente estaba cargado. Incluso los gallos sentían miedo de lo que iba a pasar —íbamos a degollarlos y a verter su sangre en el caldero como ofrenda para fortalecer el acuerdo del contrato para la absolución de Courtney.

Cuando terminamos, le aseguré a Courtney que sus acusadores vivirían un infierno. Yo les infligiría un castigo mayor que cualquier otro que hubieran experimentado en su vida. Tres días más tarde comenzó el juicio. El juez estaba de mal humor esa mañana. A la hora de comenzar, el fiscal principal no había llegado. De hecho, no se presentó a la cita. Había sufrido un grave accidente y estaba en el hospital. Y él era el sustituto del fiscal titular, que padecía una misteriosa enfermedad. Como resultado, otros dos abogados ocuparían el lugar del que había sido hospitalizado. Y el circo comenzó en cuanto llegaron los dos abogados. No conseguían ponerse de acuerdo sobre los hechos. ¡Y eso que estaban en el mismo equipo!

Fue un juicio agotador. Al final el juez, enojado con los abogados por discutir con él y por no decir más que tonterías sin sentido, envió al jurado a deliberar.

El jurado regresó poco tiempo después. Habían alcanzado una decisión.

El juez anunció el veredicto con el golpe de su martillo: se desestimaba el caso y se retiraban todos los cargos contra Courtney. La sonrisa del abogado defensor era grande, pero la mía era incluso mayor. ¡Con qué facilidad los habíamos engañado a todos! Courtney y yo nos sentíamos vencedores.

Después del juicio, Courtney se convirtió en mi ahijada en la religión. Siguió adelante con su vida, pero nunca llegó a disfrutarla. Entrar en la brujería tenía un precio: su vida ya no era suya, y no podría hacer lo que quisiera con ella. Se había atrevido a pedirles ayuda a los demonios, y ahora les pertenecía. Aunque no pasara ni un solo día en la cárcel, su verdadera prisión acababa de comenzar. A partir de ese momento era una víctima, poseída por los espíritus del espiritismo, la Santería y el Palo Mayombe de por vida.

Capítulo 10

Rachael—la hija pródiga

Me di la vuelta en la cama y con los ojos entreabiertos miré el reloj que estaba en la mesita de noche. Eran más de las doce. Gruñí, no sólo porque era muy tarde, sino porque tenía un terrible dolor de cabeza debido, sin duda, a haber pasado toda la noche de un club a otro, bebiendo. Si no me duchaba enseguida y me vestía, no podría terminar todos los recados que tenía que hacer ese día, y el trayecto en tren hasta la calle 42 era largo. ¡Cómo extrañaba mi automóvil deportivo!

A una cuadra de mi casa, cuando entraba en la estación para tomar el tren nº 6 desde Parkchester al centro, una chica preciosa pasó por mi lado. Iba vestida de negro y tenía el pelo largo y oscuro y la piel pálida. Con sus zapatos de tacón de aguja, caminó junto a mí como si se tratase de una modelo sobre una pasarela. De repente se me quitaron las ganas de hacer recados. Tenía una cita. El único problema era que la joven del espectacular vestido negro no sabía que tenía una cita conmigo. Me acerqué a ella enmascarando lo obvio y me detuve a una distancia prudente. Poco después llegó el tren a la estación con una ráfaga de aire y paró en seco. Miré mi reloj con un ojo, y con el otro observé en qué compartimento entraba ella.

La seguí de cerca con algo de precipitación. En ese preciso instante las puertas decidieron cerrarse, pero conseguí atravesarlas. Ella se sentó y yo me senté frente a ella. Su largo pelo negro era precioso. Era el tipo de chica que a mí me gustaba. Me preguntaba por qué estaba sola —a no ser que fuera a encontrarse con alguien. Tenía que averiguarlo. Dejé pasar unas cuantas paradas mientras ensayaba lo que le iba a decir, y luego esperé a que se cruzaran nuestras miradas.

—¿Es usted modelo? —le pregunté.

Ella sonrió y miró hacia el otro lado. Volví a intentarlo.

—Disculpe, señorita. Lleva un vestido precioso, y el negro es mi color preferido. ¿Adónde va así vestida?

Por fin habló.

—A clase.

—¿De veras? ¿Dónde estudia usted?

—En la Universidad Baruch.

—¿Y qué estudia?

—Economía.

El tren fue engullido por un largo y oscuro túnel, haciendo un montón de ruido.

—¿Le importa que me siente a su lado? Es que no la oigo bien.

Con la mirada me invitó a ocupar el asiento que estaba libre junto a ella, y lo hice con alegría.

—No pretendo ser curioso, pero ¿vive usted en la zona en que tomó el tren?

—Sí. Llevo allá diecinueve años.

—Pues yo quince. ¿Cómo es que nunca la había visto antes?

—Nuestros caminos no se habrán cruzado.

Al llegar a la estación de la calle 125, cambiamos al tren exprés nº 4 del centro.

Mientras el ruidoso tren entraba en otro oscuro túnel, seguí haciéndole preguntas.

—¿De dónde es usted?

—Nací y crecí en el Bronx —dijo.

—¿Sí? Yo también. Bueno, nací en Puerto Rico, pero luego me vine a vivir aquí. —No podía dejar de hablar con ella—. ¿Trabaja?

—Sí, soy encargada en una tienda de cosméticos.

—¡Qué bien! ¿Dónde?

—En la esquina de la calle 49 con la Tercera Avenida.

Vi que me estaba estudiando, y me di cuenta de lo que estaba a punto de preguntarme.

—¿Y usted a qué se dedica?

No podía decirle que me dedicaba a servir a Satanás.

—Trabajo por mi cuenta instalando obras de arte en galerías y salas de exposiciones.

Mientras el tren seguía su carrera, dejando atrás estaciones y pasajeros que esperaban, empezamos a hablar de cosas más personales. Sin pedírselo yo, me contó que le encantaban los viajes, los espectáculos de Broadway y cenar fuera, y que cuando acababa de estudiar le gustaba ver películas románticas y leer novelas.

—¿Y a usted qué le gusta hacer?

No podía contarle la verdad: las fiestas desenfrenadas, los clubs, las mujeres y aquella otra cosa a que me dedicaba.

—Me gustan las mismas cosas que a usted —resumí.

Me dijo que tenía una hija de dos años llamada Sarah, y yo le conté que tenía una hija también.

—Se llama Amanda.

El tren entró en la Estación Central, pero yo decidí no bajarme en mi parada. Quería seguir a su lado, disfrutando de su compañía. Los dos nos bajamos en Union Square, y salimos juntos a la calle. Le agradecí la charla y la besé en la mejilla.

—Espero que volvamos a vernos.

Sabía que así sería, porque allá mismo me escribió su número de teléfono en un trozo de papel. Lo leí. Se llamaba Rachael.

Esperé unos días antes de llamarla. ¿Qué prisa había? Tenía cosas más importantes de las que ocuparme, como comprar un nuevo carro de lujo. Tenía que impresionar a las otras mujeres con las que salía, así que con el dinero que ganaba en el trabajo que tenía por entonces y el que ganaba como brujo, me di ese capricho.

Una semana después llamé a Rachael al trabajo.

—¿Cómo va todo? —pregunté.

—Bien.

—Oye, tengo una sorpresa para ti. ¿Cuánto tiempo vas a estar allá?

Me dijo su horario. Estaría allá hasta las siete de la tarde. Yo andaba cerca, así que tenía tiempo de sobra para pasar por una floristería y comprar una docena de rosas rojas. Cuando llegué a la esquina de la calle 49 con la Tercera Avenida, aparqué el carro, crucé la calle y entré en la elegante tienda de cosméticos. Yo la sorprendí a ella con las flores, y ella me sorprendió a mí con un beso. Parecía contenta de verme.

Le di la tarjeta que venía con las flores y hablamos durante unos minutos. Yo había escrito en la tarjeta mi número de teléfono junto con un mensaje romántico, y tan pronto como lo abrió, me invadió un sentimiento de intranquilidad. La voz de un demonio nos interrumpió:

—Debes irte en seguida.

Si me iba tal y como me ordenaban, perdería la oportunidad que se estaba creando. Ignoré el aviso, pero volvió a martillearme la cabeza de nuevo:

—No quiero tener que repetirlo. ¡Márchate ahora!

—Mira —le dije—. Tengo que irme. Ya nos veremos.

Me rogó que me quedara, pero a pesar de sus dulces súplicas, salí apresuradamente y me fui a casa. Algún tiempo después, al escuchar los mensajes de mi teléfono, había uno muy raro que me sorprendió:

—Mantente apartado de Rachael. ¿Me oyes? Soy el padre de su hija.

Me quedé estupefacto. No tenía ni idea de que Rachael estuviera aún con el padre de la niña. Me había dicho que era madre soltera y que había decidido no salir con nadie por el momento. Necesitaba escuchar su lado de la historia antes de decidir qué hacer.

Su padre, Robert, fue quien contestó el teléfono. Le dije quién era y se lo pasó a Rachael.

—Hola, John. ¡Qué sorpresa!

—Rachael, tengo que contarte algo que ha pasado. Le dije lo del mensaje de su encantador novio.

—Llegó a la tienda justo después de que tú te fueras —explicó, disculpándose. Por eso el demonio me dijo que me marchara. Él sabía que habría problemas. Terminé de escuchar lo que Rachel tenía que decir—. Cuando mi ex entró en la tienda y vio las rosas, se volvió loco. Les arrancó los pétalos a las rosas, me quitó la tarjeta de las manos y, gritando, me dijo que tenía algo importante que hacer. Así es como consiguió tu número. A mí también me amenazó.

—¿Qué dijo? —pregunté.

—Que si seguía viéndote, convertiría mi vida en un infierno.

Necesitaba saber la verdad.

—¿Lo amas aún?

—No —respondió—. No quiero verlo más. Lo nuestro se terminó.

Por el tono de su voz sabía que decía la verdad y suspiré aliviado.

—¿Quieres salir a cenar uno de estos días? Conozco un restaurante magnífico en el centro que te gustaría.

Rachael aceptó la invitación. Sin embargo, antes de tener nuestra primera cita, yo quería conseguir más información sobre su ex-novio, pero no a través de ella. Sabía que podía convocar a un demonio y él me diría todo lo que quería saber. Tomé un coco, lo rompí, y preparé los trozos para la lectura sobre el ex de Rachael. Lancé los trozos de corteza de coco al aire. La manera en que cayeran al piso —el número de piezas curvas que miraran hacia arriba contra las que miraran hacia abajo—determinaría el tipo de preguntas que podría hacer. Me paré delante del caldero para conseguir respuestas. Exhalé humo de cigarro, rocié ron blanco y tomé las cortezas de coco para obtener respuestas para mis preguntas. Los demonios me dijeron todo lo que necesitaba saber sobre el ex-novio de Rachael. Sabía que era peligroso y diabólico, y sabía que tendría que destruirlo —matarlo con la brujería.

El día de mi primera cita con Rachael, esperé delante del edificio de sus padres, y cuando salió estaba tan hermosa como el día que la vi en el tren. Hicimos el trayecto entre el Bronx y Manhattan sin problemas. No había mucho tráfico en la autopista FDR y hacía un tiempo perfecto. El aire olía a romance; Rachael se enamoró de mi nuevo carro nada más verlo.

Entramos en un tranquilo restaurante italiano de la calle 83, en el lado oeste de Manhattan, y el rústico ambiente de una cultura distinta a la suya le encantó. Me contó historias que me hicieron reír; yo le conté otras que casi la hicieron llorar.

La noche era aún joven, así que Rachael y yo decidimos dar un paseo. El aire era fresco y la luna brillaba; mientras pasábamos junto a modernas tiendas de ropa y boutiques, nos tomamos de la mano. Algo estaba surgiendo entre nosotros, y los dos lo sabíamos.

De camino al carro después de la cena, el silencio que compartíamos era mejor que cualquier cosa que pudiéramos decir. Era hora de volver al Bronx. Puse música de salsa mientras escuchaba la voz de Rachael. Era una gran conversadora. Me encantaba su manera de reírse, y a ella le encantaba mi manera de manejar. Cada momento que pasaba nos conocíamos un poco mejor —pero ella sólo sabía de mí lo que yo quise revelarle.

Llegamos a su casa y paré delante del edificio. Me pregunté a mí mismo qué haría un caballero en una situación como aquélla. Estábamos solos en el carro, y a ella no parecía importarle en lo más mínimo. Decidí no besarla; sabía que el verdadero romance vendría más tarde. Estaba aprendiendo a no apresurar las cosas como hacía con otras mujeres.

Nos dimos las buenas noches y se bajó del carro feliz. Yo arranqué, envuelto en algo que no podía describir. Pero la sonrisa de mi cara lo decía todo.

En mi habitación entré en contacto con mis espíritus demonios y les pregunté por qué era tan especial Rachael, tan distinta de las demás mujeres con quienes había salido.

Recibí una respuesta rápidamente: *Es sólo una buena chica. No tienes de qué preocuparte. Nada de qué preocuparte*, dijeron. Pero en mi mente se repetía un mensaje una y otra vez. Era el mensaje que me avisaba de que tuviera cuidado con su ex-novio. En aquel momento empecé a planear mi estrategia de batalla.

Rachael y yo tuvimos muchas citas memorables, momentos inseparables, noches estacionados delante de su casa durante horas, sin querer despedirnos.

Una noche misteriosa

Una noche Rachael llamó y me preguntó qué estaba haciendo. Yo estaba descansando de la noche anterior, en que había estado de fiesta con otra mujer con la que había estado saliendo. Cuando le dije que iba a quedarme en casa, me dijo que quería venir a verme. Vivía en mi barrio, así que sabía que en poco tiempo estaría tocando a la puerta.

Cinco minutos después, abrí la puerta y allá estaban Rachael y una niña de dos añitos: su hija Sarah. Las hice pasar al salón, donde se sentaron cómodamente en el sofá.

Tras encender la televisión, fui a la cocina a buscar algo de comer y unos refrescos. Regresé al salón con un pequeño bol de plástico para que Sarah no se manchara la ropa.

Sarah empezó a picar algo, pero se volvió hacia su madre:

—Mami, vámonos a casa.

—¿Ahora? —se sorprendió su madre.

Rachael no entendía lo que estaba pasando, pero yo sí. La niña había percibido las malas vibraciones de los espíritus impuros que había en el apartamento.

Rachael vio algunos de mis objetos religiosos relacionados con el espiritismo, la Santería y el Palo, y me preguntó en qué estaba metido. Le dije que no había motivo para preocuparse, que lo único que hacía era encender velas. Treinta minutos después la acompañé a casa. Fue entonces cuando me reveló que sus padres, Robert y Ana, eran cristianos evangélicos y que durante una etapa de su vida ella había asistido a la iglesia con ellos. Ahora estaba apartada, pero buscaba aquello de lo que se había alejado: el amor y poder de Jesucristo.

—¿Hasta qué punto estás involucrado?

—¿En qué?

—En la brujería.

Me había pillado. La miré con una sonrisa tranquilizadora.

—No te preocupes. Lo único que hago es encenderles velas a los santos católicos. Eso no es nada malo, ¿no?

Pero entonces la que ni practicaba lo que decía que creía empezó a sermonearme.

—La Biblia dice que no debemos adorar a nadie excepto a Jesucristo. Lo que tú haces se llama idolatría.

Me defendí soltando una gran carcajada.

—Eres tan anticuada que resultas graciosa. La verdad es que la Biblia la escribieron cuarenta desgraciados que no tenían nada mejor que hacer que crear una religión para llenarse los bolsillos.

Rachael me lanzó una mirada extraña y, sin mediar palabra, se alejó caminando. Pasamos días sin vernos ni hablar por teléfono. Yo decidí romper el largo silencio con una llamada. El teléfono sonó una y otra vez hasta que por fin alguien contestó. Era ella. Un saludo sincero por mi parte fue lo único que hizo falta para empezar una serie de cenas en restaurantes y películas en el cine durante varios fines de semana. Pasamos juntos más tiempo que nunca.

De vuelta en mi propio mundo

Tras salir juntos durante varias semanas, me quité de en medio otra vez. Pasé un tiempo sin ver a Rachael debido a que había otras mujeres en mi vida que me mantenían ocupado. Me dediqué a ir de bar en bar y a ponerme al día en las cosas de la religión, asistiendo a fiestas demoníacas, realizando ceremonias espiritistas y lanzándole hechizos a quien quería. Un día, de repente, Rachael me llamó para saludarme.

—¿Qué haces esta noche?

—Voy a quedarme en casa. Tengo que ocuparme de unos asuntos personales.

Rachael me preguntó si podía venir a verme, y no fui capaz de decirle que no. Me gustaba de verdad, pero no sabía por qué.

—Ven sobre las nueve —le sugerí. Para esa hora ya habría terminado lo que tenía que hacer.

Cuando llegó, llamé por teléfono para que nos trajeran algo de comer. Ella preparó la mesa, y yo puse una película en el vídeo. Durante la película me di cuenta de que quería decirme algo importante.

—John, sé que ambos hemos estado saliendo con otras personas, pero siempre te tengo en el pensamiento, y sé que a ti te pasa lo mismo.

¿Qué podía decir? No podía ni quería seguir engañándola. Quería estar con ella, pero no quería abandonar el lado oscuro. Me encantaba el poder que proporcionaba y las mujeres a las que atraía, pero su confesión me había conmovido. Había sido muy valiente al proponer que nos dedicásemos en exclusiva el uno al otro. Con su declaración se había ganado mi respeto, así que le dije que sí. ¿Pero sería capaz de cumplir mi palabra? ¿Podría comprometerme con una mujer cuyos padres eran cristianos evangélicos sin que un alto sacerdote de la religión me eliminase en un acto de venganza? Le dije que muchas mujeres se sentirían desilusionadas por no volver a tenerme.

Después de la película acompañé a Rachael a su casa. Su valentía me había impresionado tanto que por el camino decidí sincerarme yo también.

—Rachael, tengo que contarte la verdad sobre mí. —Con esas palabras conseguí captar toda su atención—. Soy Santero y Palero tata. Soy adorador del diablo.

Le conté lo de las ceremonias sobrenaturales, el sacrificio de animales, las fiestas de la brujería y los poderes que poseía.

—Si la gente pudiera ver el mal que los rodea, lo que el tarot puede llegar a hacerle a una persona y el peligro en que los padres ponen a sus hijos dejándolos participar en la fiesta de Halloween, temblarían de miedo.

Y añadí que la única manera de salir de aquello era que me lanzaran una maldición de muerte.

—John, no me importa hasta dónde hayas llegado dentro de la brujería. Te amo y quiero que estemos juntos.

Rachael y yo seguimos saliendo un fin de semana tras otro, como hacían todas las parejas. Sin embargo, cuando no estábamos juntos, yo asistía a fiestas de brujería y a otros eventos de lo oculto, sacrificándoles animales a los demonios en rituales para nuevos adeptos. Me sentía orgulloso de lo que hacía. Satanás era mi padre. Me encantaba el olor del licor, los cigarros, y la sangre de los animales. Era mi vida y mi destino.

La historia se repite

Mi ex-mujer, Mari, iba subiendo en rango dentro de la Santería, y Amanda le seguía los pasos. En una ceremonia en la que se hizo una lectura de caracoles, varios demonios compitieron para convertirse en su espíritu guardián. La historia se repetía. Mi hija estaba siendo dedicada a los dioses tal y como lo había sido yo cuando tenía diez años. Lo que me había pasado a mí cuando era pequeño le estaba pasando ahora a ella. A mí no me dieron la oportunidad de elegir, y a ella tampoco. En la vida se repiten muchas cosas. Yo fui arrebatado de las manos de mi madre, y ahora Amanda estaba siendo arrebatada de mis manos y entregada a la Santería y el espiritismo. Poco después, Amanda fue coronada como posesión exclusiva de Ochun y Ohatala, dos espíritus malignos. De ahí en adelante el espiritismo y la Santería controlarían su vida, ofreciéndole un propósito y un destino.

El tiempo fue pasando y yo empecé a prepararme para un encuentro con los espíritus que tenía lugar cada seis meses para comprobar cuál era mi posición dentro de la religión. Se me convocó para presentarme ante un clan de espíritus. Aquella noche, en el sótano, podía sentir la presencia de cada uno de los demonios que había asistido a la ceremonia. Llegó el momento de comenzar el ritual; era como un padre inspeccionando el boletín de notas de su hijo. Si todo iba bien, significaría que yo aún tenía los poderes que se me habían otorgado y que cualquiera que me amenazara sería derrotado fácilmente. Yo prefería el término "eliminado". Inspiraba más respeto. Si no salía bien de la lectura, tendría que someterme a una limpieza restauradora seguida de una fiesta demoníaca, pero si el resultado indicaba que estaba traicionando la religión, me podría romper un brazo o una pierna como castigo, dependiendo de mi propia obstinación. O podría castigarme un demonio, y acabar en el hospital con una larga enfermedad. Y si hacía falta un castigo mayor, me ocurriría alguna otra cosa que me llevaría a la muerte.

Aquella noche me senté en el centro del sótano. Detrás de mi asiento había una silla con un vaso de agua con una flor y una vela blanca. Dio comienzo la lectura y los espíritus aparecieron para dar un informe sobre mi contrato espiritual con ellos, mi responsabilidad con respecto a ese contrato y qué otros niveles esperaban que alcanzara.

El médium que estaba realizando el ritual dijo:

—Siete Rayos está acá, y dice que está contento contigo. Zarabanda está acá y dice que se alegra de tenerte como hijo. Candelo, el padre espiritual de Haití, también está acá y dice que te ama mucho. El Indio acaba de llegar y dice que está muy orgulloso de ti y del rango que has alcanzado en el espiritismo. Quieren saber si tú tienes alguna pregunta.

—No —dije esbozando una gran sonrisa.

Esa noche conseguí un sobresaliente en mi boletín de notas. Mi tía María estaba muy orgullosa de mí. Ella llevaba cincuenta años sirviendo en la religión. Pero unos buenos resultados no querían decir que estuviera a salvo. Tenía enemigos en la religión que intentarían eliminarme a pesar de que los espíritus demoníacos estuvieran contentos conmigo. ¿Por qué? Por celos, debido a los poderes que yo tenía.

Entre dos mundos

En aquella época empezó a ocurrirme algo que nadie sabía. Me sentía deprimido, enojado y resentido; el vacío que daba vueltas en mi interior como un mar turbulento estaba volviéndome loco. ¿Dónde me había desviado? Yo seguía sacrificando animales para mis dioses demoníacos y lanzando hechizos. Encontré la respuesta una noche en que me llamaron para asistir a una ceremonia de brujería. Unos días antes Mari yo habíamos acordado que aquella noche yo recogería a Amanda para pasar algún tiempo con ella porque ella quería verme.

Cuando salía de casa, sonó el teléfono. Era mi tía María.

—John, ¿qué estás haciendo?

—Voy a recoger a Amanda —le dije.

—Deja lo que estás haciendo y ven directamente a mi casa. Tenemos que celebrar una mesa blanca de emergencia, y tiene que ser esta noche. Los espíritus me han dicho que tú tienes que estar presente.

—Pero tía, le prometí a Amanda que pasaría tiempo con ella. No quiero romper mi promesa.

—Bueno, puedes verla más tarde, o mañana, pero ahora tienes que venir acá.

Así que esa noche fui directamente a la reunión de la mesa blanca.

Mi corazón estaba afligido porque me encontraba entre dos mundos: el mundo de ser un padre para mi hija y el compromiso que me impulsaba, de contrato en contrato, a formar parte de un mundo que muchos ni siquiera imaginaban. Estaba demasiado ocupado para visitar a la única persona en el mundo que se parecía a mí y a quien yo amaba de verdad. Muchas veces sentía que estaba encarcelado tras rejas invisibles, como las personas a las que yo había llevado a la religión con mis artimañas.

Capítulo 11

El hijo del diablo al descubierto

Rachael y yo seguíamos viéndonos, pero las salidas a los clubs y el alcohol se habían terminado —al menos para ella. Yo podía verla, pero sólo si aceptaba las condiciones de sus padres. Cenábamos en su casa y veíamos películas con su hermano pequeño. Eso era todo lo que hacíamos.

Robert y Anna eran, y aún son, cristianos radicales. Cada vez que visitaba a Rachael, tenía que aguantar sus horribles sermones sobre la Biblia y Jesús. Y para tenerlos contentos, yo les decía que sí, asintiendo con la cabeza, pero para mis adentros despreciaba todo lo que me decían. Así conseguí ocultarles quién era de verdad. Rachael no les había contando nada de mi relación con el diablo. Lo único que sabían de mí era que era un joven que estaba interesado en su hija. Yo sabía que la verdad saldría a la luz algún día, y me preguntaba cómo reaccionarían entonces.

Al principio, me encontraba incómodo cuando iba a su casa, sin saber qué decir, y esperando que alguien rompiera el silencio. Sin embargo, con el tiempo gané confianza. Aquellas cenas y el tiempo que pasaba con Rachael en su casa hicieron que se estrechara mi relación con su familia.

Pero aunque me sintiera más cómodo entre ellos, cada vez que me hablaban de la persona del tal Jesús, se me helaba la sangre y me encogía por dentro. Me entraban ganas de agarrarlos del cuello de un salto y estrangularlos. No tenían ni idea de que mi mundo era mucho más fuerte que el suyo.

Una noche, mientras cenábamos, Anna me miró y me dijo:

—John, ¿sabes cuánto te ama Jesús?

Yo la miré y sonreí.

—Sí, sí. Ya lo sé.

—Bueno, yo sólo quiero compartir contigo el amor de Cristo.

—Sí, ya me lo has dicho, así que creo que ya lo sé.

Ella sonrió.

—Y sabes que murió por ti, ¿no, John?

—Este Jesús del que me hablas no es más que un agresor. No sé qué tipo de Dios es, ni a qué tipo de amor te refieres.

—¿Por qué dices eso, John? —preguntó Anna.

—Tú te crees que eres la única que conoce la Biblia de verdad. ¿Pero qué le hizo Dios a Job? ¿Qué tipo de

Dios hace una cosa así, darle permiso al diablo para que destruya a su familia, darle permiso al diablo para que destruya su hogar? ¿A eso le llamas amor? Si eso es lo que tú entiendes por amor, yo no lo necesito; quédate con el. Eso no es amor. Es pura maldad.

—Pero John, Dios sólo estaba probando a Job.

—Eso no es una prueba —exclamé, indignado—. Es una crueldad. Así que quédate con tu Jesús.

Con el paso de los meses, la relación entre Rachael y yo se fortaleció, y Anna y Robert llegaron a apreciarme más a pesar de nuestras diferencias con respecto a Dios. Claro que eso se debía a que no sabían quién era yo, y lo que representaba. Se iba a celebrar un banquete en la iglesia a la que asistían y todos estaban muy ilusionados. Todos menos yo, porque ahora entendía de dónde venía la fortaleza de Rachael: de las oraciones de sus padres. Por eso mis poderes no le afectaban, y por eso no había conseguido convertirla a la religión.

En cuanto me invitaron al banquete, sentí un aviso en mi interior, como un relámpago, así que decidí convocar a los demonios a través de mi madrina, mi tía María, para pedirles permiso para asistir.

—Ve. No tienes de qué preocuparte. Estás protegido por el espiritismo, la Santería y el Palo —dijo—. Nadie puede hacerte nada porque tú tienes más poder que ellos.

La respuesta de mi tía me tranquilizó tanto que empezó a gustarme la idea de ir. De hecho, lo estaba deseando.

Entre un mar de cristianos

La noche del banquete llegamos al salón guiados por Robert y Anna. Pasamos por unas puertas de cristal y entramos en un vestíbulo alfombrado con elegantes lámparas de araña. Robert y Anna iban delante; yo iba detrás, con Rachael agarrada de mi brazo. Dejamos los abrigos con una señorita y pasamos adelante, abriéndonos paso entre una multitud de personas —cientos— hasta que llegamos a un espacioso comedor con docenas de mesas cubiertas de finos manteles, tan blancos como las luces que alumbraban la habitación.

Me presentaron a muchas personas de entre aquel mar de cristianos. Todas tenían aspecto de sinceras.

Rachael se dirigió a una pareja y dijo:

—Mike, María, éste es mi novio, John.

Ellos sonrieron.

—Encantado, John. Bienvenido.

Yo esbocé una sonrisa misteriosa y les di las gracias.

Nadie parecía notar la ropa que llevaba, y si lo hacían, no lo demostraban. Iba vestido de oscuro —negro como un cuervo— para que los poderes de los demonios me protegieran de cualquier cosa que pudiera encontrarme allá.

Cuando llegamos al gran salón, nos indicaron cuál era nuestra mesa. Estábamos rodeados de personas que no se veían desde hacía algún tiempo, así que se abrazaban, se besaban y se sonreían. Era lo más absurdo que había visto nunca. ¡Qué panda de locos! No dejaban de bendecirse los unos a los otros.

Rachael se volvió hacia una joven que estaba cerca de nuestra mesa.

—Hola Marisa. Éste es John.

Cuando fui a estrecharle la mano, la chica comentó:

—Yo te conozco de algo. Te he visto en algún sitio. Estoy segura de que te conozco.

—Pues yo a ti no —repliqué, intentando ser amable.

Mientras me alejaba, ella, asombrada, seguía repitiendo:

—Pues yo te conozco… te conozco.

Un grupo estaba tocando en directo. Eran buenos músicos con voces fantásticas, pero todas las canciones tenían que ver con llevar una vida santa, y amar al prójimo, y la Biblia —cosas que me hacían sentir incómodo.

Uno de los hombres del escenario, un tipo alto y bien parecido que llevaba un traje de color crema, parecía ser el líder del grupo. Cuando empezó a cantar, algunas personas se levantaron, se dirigieron al frente, y se pusieron a bailar como locos. Era tan estúpido que tenía ganas de reírme. *Deben de estar borrachos*, pensé. Pero no había alcohol por ningún sitio.

Con cada rasgueo de la guitarra, repiqueteo de la pandereta y zumbido del sintetizador, empezó a sucederme algo. Estaba siendo dominado por algo mayor que todos los demonios que había conocido hasta entonces. ¿Cómo era posible? Yo era uno de los brujos de más alto rango dentro del vudú, y había sido poseído por poderes indescriptibles. Nada podía afectarme. Pero allá estaba, siendo arrastrado por el mensaje de la música poco a poco, momento a momento, respondiendo al sano ritmo de las canciones.

Cuando los músicos hicieron un descanso, se colocaron docenas de grandes recipientes de aluminio sobre unos calentadores en una línea de mesas que estaban junto a la pared frente a la plataforma que servía de escenario. Jamás había visto tanta comida junta. Efectivamente, era un banquete. Las mesas estaban enumeradas, y los invitados se iban acercando según el orden de las mesas para ser servidos. Cuando llamaron nuestro número, ocupamos nuestro lugar en la fila; Rachael delante de mí, y Robert y Anna detrás. Entonces me entró el pánico.

Un poco más allá había una señora que hacía mucho tiempo que no veía. Ella había pertenecido a mi círculo de lo oculto, pero ya no formaba parte del mismo. ¿Dónde había estado todo este tiempo? ¿Por qué no había vuelto a verla en nuestras reuniones? Llevaba cinco años sin aparecer. Al dejar la religión, se había convertido en mi enemiga. Cuando se dio la vuelta, intenté esconderme tras

Rachael, pero mis seis pies dos pulgadas eran difíciles de ocultar por mucha gente que hubiera alrededor.

La mujer me saludó.

—Hola, John. ¿Cómo estás?

—Bien —le contesté. Sentía que se iba a producir una confrontación entre el bien y el mal en cualquier momento.

Me incliné hacia Rachael y susurré:

—Esta mujer sabe que soy adorador del diablo porque salió del círculo religioso al que yo pertenezco. Me temo que les va a decir a tus padres quién soy.

—No te preocupes —me tranquilizó Rachael—. No dirá nada. La conozco; es una buena persona.

Tras servirnos la comida, regresamos a la mesa. Todo el mundo estaba comiendo, así que me relajé un poco. Acababa de esquivar una bala. ¿Pero cuánto tiempo más podría seguir jugando al escondite sin que me descubrieran? ¿Hasta cuándo duraría mi suerte? No mucho, porque sin saberlo yo, otros ojos me observaban desde el lado opuesto del salón. Esta vez era un hombre que se había apartado de la religión hacía cinco años.

Este hombre agarró al padre de Rachael y lo llevó al baño.

—¿Sabes con quién está saliendo tu hija?

—Sí, con John —dijo Robert—. Es un buen muchacho.

—¡No, no lo es! —protestó el hombre—. Es uno de los mayores seguidores del diablo de Nueva York. Está metido en el espiritismo, la Santería y el Palo. Lo sé porque Jesucristo, mi Señor y Salvador, me liberó del ocultismo, de lo que llaman "la religión". John fue amigo mío en el pasado, pero ya no lo es. Está loco y es peligroso. Es muy conocido. Me extraña que tú no sepas quién es. Yo que tú, mantendría a Rachael lejos de él.

Robert se quedó estupefacto y sin saber qué decir, pero regresó a la mesa como si no hubiera pasado nada.

El día después del banquete, en su casa, Rachael y sus padres tuvieron una discusión.

—Tu relación con John se ha terminado —exigió su madre.

—¿Por qué? —preguntó Rachael.

—Porque está metido en la brujería.

—John no va a hacerme daño.

—¿Y si se lo hace a Sarah? —dijo Robert.

—Él quiere a Sarah.

—¿Cómo puedes estar tan segura? —preguntó Anna angustiada. Todos los que lo conocen dicen que está loco.

Y era cierto. Nadie del barrio quería tener problemas conmigo. Sabían lo que los Santeros eran capaces de hacer cuando se les contrariaba. Lanzar hechizos era sólo el principio.

Rachael salió de la casa furiosa, ignorando la advertencia de sus padres, fue a un teléfono público, y me llamó desesperada.

—Mis padres se han enterado de lo tuyo y me han pedido que no vuelva a verte, pero me he negado.

—Rachael, todo saldrá bien —le dije, intentando calmarla.

Seguimos viéndonos. Íbamos a restaurantes, a salas de exposiciones y al teatro, pero no a bares ni clubs. Había dejado de ir a esos sitios con ella, pero no había dejado de practicar los deberes religiosos del espiritismo porque si lo hacía, los mismos demonios que adoraba se volverían contra mí.

El diablo no tiene respeto

Las dificultades por que atravesaba la relación de Rachael con sus padres empezaron a afectarnos, y cuanto más me lo recordaba, más despreciable me parecía.

—Lo que haces está mal a los ojos de Dios —repetía.

—¿Qué sabrás tú? ¡Si tú no practicas aquello en lo que dices que crees!

—Déjalo, John. No puedo seguir viendo a alguien sabiendo que mis padres lo desaprueban.

—Entonces, dejaremos de vernos. Así tendré más tiempo para dedicarme a lo que quiera.

—A tu religión —protestó—. Eso es lo único que te importa.

—Pues sí. Tengo que agradar a mis demonios. A ellos los conocí antes que a ti. La única persona que ocupa espacio en mi vida eres tú.

Rachael se fue enojada, pero no me dejó. Me necesitaba para que la defendiera del lunático idiota de su ex-amante, aunque por el momento sus padres no me tuvieran en gran estima.

Una noche, Rachael y yo fuimos a casa de sus padres a recoger a Sarah para llevarla a su casa. Sarah se estaba comportando de modo extraño en casa de Robert y Anna, y yo comprendí enseguida que le estaba pasando algo en el terreno espiritual. De camino al apartamento de Rachael, las calles estaban solitarias y frías.

Cada vez que un farol iluminaba la cara de Sarah, yo la miraba en su carrito, sabiendo que ya no era ella. La niña me devolvía una mirada tan demoníaca que Rachael se dio cuenta. Sabía que Sarah no era quien iba en el carro. El mal se había apoderado de ella aunque sólo tenía tres años.

Cuando llegamos al apartamento de Rachael, intenté entretener a Sarah para ganar tiempo hasta ver qué pasaba. Me puse a cuatro patas para llevarla a caballito, pero Sarah se mantuvo a cierta distancia, mirándome fijamente con mirada penetrante, malvada. Sabía que se trataba de un ataque demoníaco, un hechizo de brujería lanzado para herirnos a Rachael o a mí. Como yo tenía poder, a mí no podían hacerme nada, pero lamentablemente, Sarah era el eslabón más débil, y el hechizo se apoderó de su pequeño cuerpo, de su mente y de sus pensamientos. Había empezado una batalla. Rachael estaba alarmada, pero callada. Lo que había entrado en su hija era un viejo espíritu demoníaco y se debía a que el padre de Sarah, el Sr. Ex, estaba intentando lanzar un maleficio sobre mi relación con Rachael. Finalmente, salí del apartamento de Rachael y me dirigí a casa, pero entonces se desató el caos.

Rachael me llamó por la mañana con voz temblorosa.

—John, John, no sabes lo que nos pasó a Sarah y a mí anoche después de que te fueras.

—Dime, ¿qué pasó? —inquirí.

—Nada más irte tú, sentí el peso de una presencia que se cernía sobre nosotras. Agarré a Sarah y entramos en el cuarto de baño. Pensé que una ducha nos vendría bien, pero las cosas fueron a peor. Cuando salimos del cuarto de baño, miré hacia el salón. El mismo miedo de antes se apoderó de mí, pero esta vez era incluso peor. Se me heló la sangre. Intenté gritar, pero no me salía la voz —algo me tenía agarrada de la garganta. Vi un monstruo, algo como un animal de cuatro patas con fieros ojos rojos, sentado en el salón. Sabía que era el diablo mismo que estaba esperándonos a mi hija y a mí. Agarré a Sarah y salí corriendo hacia el dormitorio. Sentí que aquella cosa se levantaba y nos perseguía. Cerré la puerta con fuerza y empecé a invocar el nombre de Jesucristo. Entonces desapareció. ¿Qué está sucediendo, John?

—Todo esto tiene que ver con tu ex —le expliqué—.
No he sido yo. Pero te digo que pagará por lo que le ha
hecho a Sarah. Me aseguraré de que reciba un castigo
mucho mayor de lo que jamás podría imaginar.

Y colgué el teléfono.

Capítulo 12

La trampa

Una noche recibí una llamada inesperada de Robert.

—Oye, John. Mi esposa y yo vamos a tener una reunión de oración en casa el sábado a eso de la una y nos gustaría que vinieras. Ven, por favor.

—¿Pero de qué tipo de reunión estamos hablando? —le pregunté.

—Somos sólo algunos miembros de la iglesia que quedamos para orar.

—De acuerdo, cuenta conmigo.

Sabía que allá tendría ocasión de confrontar a Ray, el hombre que le contó a Robert la verdad sobre mí en el banquete. Tendría la oportunidad de vengarme. La reunión me permitiría burlarme de aquellos que se consideraban cristianos y desafiarlos. Me aferraría al espiritismo y a mis poderes malignos durante el tiempo que durase la reunión. Sería entretenido. Yo lo tendría todo bajo control y nadie lo sabría.

El sábado en la tarde fueron llegando uno por uno, con una sonrisa en la cara y alabanzas a Dios en los labios. Los hombres se estrechaban las manos y se daban palmaditas en la espalda mientras que las mujeres se abrazaban y se besaban en la mejilla. Aquellas personas se amaban de verdad. Algún tiempo después descubriría la razón: porque vivían por un Espíritu diferente, por una causa diferente, bajo otro nombre, el de un hombre llamado Jesús. Decían que andaba sobre el agua, que sanaba a los enfermos, que decía la verdad, y que murió el Viernes Santo. Pero en la religión nadie creía nada así. Los principios del espiritismo no enseñaban esas cosas.

Después de saludarse, aquellos creyentes, unas quince personas en total, se pusieron en círculo, se tomaron de las manos y empezaron a orar de uno en uno. Lo hacían de manera muy ordenada. Me pareció extraño que cada uno de ellos no orase por sí mismo, sino por los demás. Incluso oraban por personas que no estaban presentes —hermanos y hermanas en la fe que estaban enfermos y otros que necesitaban una intervención divina. Era absurdo. ¿Por qué se llamaban entre sí hermanos y hermanas y derramaban lágrimas los unos por los otros? ¿Qué clase de personas eran?

Tras una ronda de aplausos y gritos de aleluya, el hombre que estaba a mi lado empezó a gritar que Jesús había cambiado su vida, y todo el mundo se sentó a escuchar su testimonio.

—Nunca seré el mismo —dijo el hombre.

Le habría desafiado en ese momento, pero un demonio empezó a revelarme cosas personales sobre los presentes. Justo entonces, uno de los hombres mayores —a quien llamaban "anciano"— empezó a decirles cosas a los demás. Fue avanzando por la habitación, hablándoles a los miembros de la iglesia de la bondad, el amor y el plan de Jesús para sus vidas. Cuando se iba acercando a mí, yo ya estaba medio poseído. Me señaló con el dedo y me dijo que Jesús me amaba y que murió por mí en la cruz para darme nueva vida. Y entonces dijo:

—Jesús te llama. ¿A qué esperas?

En ese momento, quise saltar de mi asiento y estrangularlo. Se me heló la sangre en las venas a la vez que sentía fuego en las entrañas. ¿Quién se creía que era para hablarme así? Si hubiera sabido que yo podía eliminarlo cuando quisiera, no se habría atrevido a señalarme con el dedo. Él estaba por debajo de mí. Los ojos del hombre me miraron como si alguien le hubiera dado autoridad. Ya no era aquel anciano tranquilo. La batalla espiritual que estábamos librando se detuvo cuando él le pidió al pastor que orase.

Yo estaba deseando que se acabara la reunión porque tenía mis ojos puestos en el charlatán que le había hablado a Robert y a Anna de mi vida en la religión.

Cuando llegó a su fin con una oración y unos aleluyas, la gente empezó a abrazarse mientras yo me preparaba para atacar. Miré por la habitación y enseguida divisé a Ray y me dirigí hacia él. Mis primeras palabras fueron:

—¿Cómo estás, Ray?

Él me contestó nervioso:

—Bien.

Lo miré de arriba abajo.

—He venido a esta reunión para verte, para comentar contigo lo que le contaste de mí al padre de Rachael en el banquete. ¿Pensaste aunque sólo fuera por un momento que no lo averiguaría?

—Estaba nervioso y no sabía qué hacer —se defendió—. Cuando te vi aquella noche, el miedo se apoderó de mí y pensé: esas brujas están celebrando su propio banquete en la puerta de al lado. Y entonces me entró el pánico y sentí la necesidad de contárselo a alguien. ¿Y a quién mejor que a Robert? Pero siento mucho lo que pasó.

Nos dimos un apretón de manos.

—No dejes que vuelva a ocurrir algo así —le dije, y me fui a la cocina, donde estaban sirviendo la comida.

Más tarde, cuando Rachael y yo salimos, ella me preguntó:

—¿Qué te pareció la reunión de oración?

—Estuvo... bien.

La verdad es que no tenía ganas de hablar del asunto. Estaba acostumbrado a lanzar hechizos, a ganar batallas y a ver a gente inocente sucumbir ante las maldiciones que ponía sobre ellos. Pero hoy, por primera vez, había experimentado algo diferente, y todo relacionado con un Espíritu que no sólo era poderoso, sino que también era dulce. Lo llamaban "Espíritu Santo". Tenía un montón de preguntas, pero eran cosas que no quería compartir con nadie.

Unos días después, me enfrenté a una testigo de Jehová que estaba en el barrio diciendo que Jesús había muerto en un árbol. ¡Cómo se atrevía a dar información errónea de aquella manera! Estaba completamente equivocada.

—Escuche, señora —le dije—. ¿Qué sabe usted de ese Jesús? Usted no sabe nada. Murió en una cruz.

—Pero la cruz era un árbol —dijo ella.

Me di la vuelta y exclamé:

—No, era una cruz. ¿Cómo puede ser tan estúpida?

La sangre empezó a hervirme en las venas, y comenzó a entrarme calor. Quería agarrarla del cuello a ver si conseguía hacerla entender. Cuando me di cuenta de lo que estaba haciendo, no podía creérmelo. *¿Qué hago? Yo adoro al diablo. ¿Cómo es que estoy defendiendo a ese tipo llamado Jesús?*

—A ver si se aprende bien la historia.

La solté mientras le daba la espalda y me alejaba caminando. Me sentía avergonzado por haber defendido a alguien a quien no servía, en quien no creía. ¿Me había vuelto loco?

La visita

Ocurrió una tarde en que no tenía nada que hacer mientras estaba en casa viendo la televisión. Estaba recostado con las piernas en alto cuando oí una voz que no formaba parte del diálogo de la pantalla. La voz parecía venir de algún lugar más allá del salón, y sin embargo sonaba muy cerca.

Salté del sofá y di una vuelta de 360°, pero no vi a nadie, aunque de alguna manera sabía que me estaban observando. Entonces oí la voz otra vez, y esta vez se me erizó el pelo de todo el cuerpo: *Hijo mío, yo volveré pronto. ¿Qué piensas hacer con tu vida?*

No era la voz de ningún demonio. Era distinta a todas las voces que había oído hasta entonces. La mejor descripción que puedo dar es la maravillosa paz que experimenté, que sobrepasaba el entendimiento humano. Era como estar junto a un arroyo oyendo fluir la corriente.

Unos segundos después, mis ojos fueron guiados al otro lado de la habitación, donde tuve la visión de un cielo en llamas, como una bola de fuego, mientras la gente en la tierra gritaba y corría por temor a la muerte. Quería entender lo que estaba ocurriendo, pero a la vez intentaba borrarlo de mi mente como si nunca hubiera sucedido. Esperé petrificado hasta que desapareció la extraña visión. Lo que había visto me dejó una necesidad increíble en el corazón.

Unos días después no podía seguir callado y le confesé a Robert lo que había acontecido en mi salón. Cuando se lo expliqué, me dijo:

—Jesús te está llamando, John. Jesús te ama.

—Tú estás loco—exclamé. No podía tomarme en serio lo que había dicho—. Al final, he llegado a la conclusión de que estás loco. A mí no me está llamando nadie.

Su mensaje estaba claro: la decisión de rendirme a Dios era mía. Nadie podía tomarla por mí. Tenía dos opciones: podía seguir rindiéndome al diablo, adorándolo a él y a sus demonios, o podía darle mi vida a Jesús y dejar que él tomara el control. ¿Pero estaba dispuesto a abandonar el lugar que ocupaba en el espiritismo, sabiendo que eso podría suponer una sentencia de muerte? ¿Podría dejar de hacer algo que me encantaba? ¿De verdad quería que Dios me cambiara? Estaba tan confuso que cuando me fui a casa esa noche no consulté con los demonios de mi cuarto. En cambio, marqué una reunión con mi tía María.

Estando sentados en la cocina de su casa, me preguntó:

—John, ¿qué te pasa?

—Es que estoy cansado de que esos cristianos digan que nosotros somos los malos y ellos los buenos —le contesté.

Mi tía guardó silencio mientras me miraba fijamente.

—Tía María, ¿has oído lo que he dicho? ¿Por qué somos nosotros los malos y ellos los buenos? ¿Puedes responder a mi pregunta?

Mi tía María apartó su mirada de mí.

—Yo adoro al diablo desde que era niña, y me alegro de tener estos poderes con los que puedo defenderme a mí misma y atacar a cualquier persona que quiera hacerme daño.

En lo más profundo de mi ser comprendí que mi tía no podía responderme y me di cuenta de que tal vez esos cristianos sabían algo que yo ignoraba. Por primera vez me sentí avergonzado y sucio por pertenecer a eso que llamábamos "la religión". Me fui de allá triste, vacío y confuso.

Entro en la luz

El tiempo pasó y una vez más los padres de Rachael me extendieron una invitación que habían orado para que yo aceptara: visitar su iglesia.

—Están de broma, ¿no? —dije, riéndome.

Pero me pidieron que lo pensara, así que les dije que lo haría. ¿Desde cuándo me importaban los sentimientos de los demás? Yo sólo estaba interesado en mí mismo y en cómo bajar cada vez más en el abismo del infierno, cómo hacer cosas que ninguna otra persona de la religión hubiese hecho jamás. Sin embargo, poco a poco, momento a momento, mi resistencia se iba resquebrajando. Últimamente me había resultado imposible decir que no ante aquellas simples invitaciones. Primero fue el banquete, luego la reunión de oración, y ahora la iglesia. ¿Cuándo dejaría de ceder? ¿Cuándo dejaría de sentir esta extraña necesidad que me arrastraba a lugares que detestaba?

Durante varios fines de semana no me comprometí con los padres de Rachael, pero un día decidí aceptar la invitación. Por primera vez en mi vida entré en un culto evangélico —sin el permiso de los espíritus demoníacos que controlaban mi vida. Por primera vez en veinticinco años, actuaba por mí mismo.

Capítulo 13

El Barrio del Señor Rogers—
Un lugar de película

Al entrar por las puertas de la Iglesia Grace and Mercy aquel domingo en la mañana, pensé que me encontraba en un lugar de película. Todo el mundo parecía comportarse de forma tan perfecta que hasta me molestó. ¿Cómo era posible que personas tan diferentes en cuanto a raza, estrato social y nivel económico pudieran llevarse tan bien? Eso sólo podía ocurrir en las películas. Aquel sitio me recordaba al barrio del Sr. Rogers[1] y ése fue el nombre que decidí darle. Entré con una sonrisa desdeñosa, listo para cualquier desafío.

—John, tengo una sorpresa para ti —anunció Rachael.

---

[1] El Barrio del Sr. Rogers (Mr. Roger's Neighborhood) era una serie infantil muy popular en los Estados Unidos que ponía mucho énfasis en los buenos modales.

—¿Sí? ¿Qué?

Metió la mano en el bolso y sacó un gran libro negro.

Creí estar soñando, pero no: tenía en mis manos una versión King James de la Santa Biblia con sus sesenta y seis libros. Era negra y de piel, y las páginas tenían los filos dorados. No quería herir sus sentimientos, así que la acepté. Me dije: *Está loca si piensa que voy a quedárme con ella y leerla. Llevo veinticinco años sin ver una. La Biblia es para los débiles.*

A medida que pasaban las semanas, los padres de Rachael me presionaban para que asistiera a otro servicio religioso con ellos. Tendría que ocurrir un milagro para que les acompañara otra vez. Y un viernes, ocurrió.

Rachael y sus padres me rogaron que fuera con ellos a un servicio en que la gente compartía el testimonio de cómo había sido transformada su vida. Esta vez, un ujier se me acercó en el santuario. Se inclinó y me preguntó:

—¿Puedo orar por ti?

Un demonio apareció con la rapidez de un rayo para protegerme. Miré al hombre y le dije:

—Quitate de mi lado, largate con tu oración.

Rachael no podía creer lo que había oído y empezó a discutir conmigo allá mismo en la iglesia.

—¿Por qué no dejaste que orara por ti? —dijo.

—Porque no me apetecía. Deja que ore por otra persona. Yo no necesito oración.

Ella dobló los ojos y durante el resto de la noche no volvimos a hablarnos, pero el domingo en la mañana me levanté temprano y me arreglé para ir a la iglesia con ella y con Sarah.

Después de convencerme a mí mismo de que iba a una fiesta, puse la Biblia en una bolsa de papel para que mis vecinos no me vieran con ella. ¿Qué dirían si supieran que la tenía? Todo el barrio sabía que yo adoraba al diablo. Sería absurdo que un verdadero seguidor de Satanás que tenía a todo el barrio muerto de miedo llevara una Biblia. ¡Qué contradicción! El servicio comenzaba a las diez. Llegué a la iglesia, aparqué el carro, saqué la Biblia de la bolsa y entré en el edificio.

Primera parada: Escuela bíblica. Estaba llena. ¿Dónde me había metido? Después de la escuela bíblica venía el servicio de adoración. Durante el mismo empecé a sentirme extrañamente mal y comprendí que mis poderes demoníacos habían empezado a actuar, incluso estando rodeado de todas aquellas personas que cantaban alabanzas a Dios. Los demonios estaban intentando captar mi atención.

La persona que estaba a mi lado se dio la vuelta y me preguntó:

—¿Estás bien? No tienes buen aspecto. Estás muy pálido.

—No, no es nada. Estoy bien.

Traté de librarme de aquel sentimiento prestando atención al predicador.

Algunos domingos, cuando el servicio se alargaba, no entendía lo que pasaba o lo que se decía. Había algunas verdades sencillas sobre las doctrinas bíblicas que no conseguía comprender, pero la mayor parte del tiempo, estar en la iglesia me resultaba terapéutico. Experimentaba algo que jamás había experimentado en el espiritismo —el amor genuino que me demostraban los miembros de la congregación.

El hombre del espejo

Cuanto más asistía a la iglesia, más me gustaba la clase de la escuela bíblica. Era algo nuevo para mí, algo muy distinto a mi rutina de adoración al diablo y sacrificio de animales. Pero por mucho que me gustara la iglesia, el lado oscuro me gustaba aún más. Y la razón principal era que me daba algo que no había tenido cuando era niño: la figura de un verdadero padre, uno que me abrazara, me besara y me dijera lo orgulloso que estaba de mí; uno que me preguntara cómo iban las cosas en la escuela; un modelo que me ayudara a creer en mí mismo y me impulsara a convertirme en un hombre de valor. Un padre en quien pudiera pararme a pensar, que nos hubiera dejado buenos recuerdos a mí y a mis hermanos: juegos en el parque, baños en la piscina, paseos en bicicleta. Un hombre que me ofreciera protección, que hiciera a mi madre sonreír, no sufrir. No lo había tenido, pero había encontrado un sustituto: una relación con Lucifer, el diablo. Él era mi verdadero padre. Y siempre que necesitaba consejo y orientación, acudía a él.

A veces me preguntaba por qué iba a la iglesia. Me sentaba en un rincón del santuario y pensaba: *¿Qué es lo que estoy buscando? Todo lo que tengo lo he conseguido a través de la brujería, y cuanto más me dedico a ella, más cosas consigo. Si necesito otro trabajo, o dinero para comprarle ropa a mi hija, lo único que tengo que hacer es adorar al diablo, y es mío. Es cosa hecha.* Pero no era feliz porque las relaciones que había tenido en otro tiempo se estaban desmoronando. Una de las personas más importantes para mí era mi madre. Sabía que ella me amaba incondicionalmente y que yo siempre sería su hijo, pero había llegado tan lejos en el mundo demoníaco que ya no podía acercarse a mí y abrazarme como cuando era niño. Ahora era un hombre y no tenía tiempo para recibir el cariño de mi madre ni la amistad de mis hermanos. Sólo podía relacionarme con aquellos que vivían como yo y se postraban ante el espiritismo, la Santería y el Palo. Estaba tan metido en ese mundo que llegué a desarrollar una desconfianza hacia los demás que me llevó a rechazar a mi propia familia y a mis amigos hasta convertirlos en extraños. ¿Quién sería el siguiente en convertirse en un extraño para mí?

A veces el vacío que sentía por dentro era tan doloroso que la risa huía de mí y sólo tenía ganas de llorar. ¿Dónde estaban los demonios a los que servía desde hacía tanto tiempo? Bueno, seguían allá, pero en vez de infundirme poder para superar mis problemas, mis problemas me estaban superando a mí. Había fracasado como marido y era un padre ausente. De repente, todas las fiestas de brujería a las que había asistido, todos los hechizos que les había lanzado a los incautos y los años que había tardado en llegar a la posición que ocupaba dentro de la religión me hicieron darme cuenta de que me había convertido en una persona orgullosa y maliciosa, difamadora y llena de odio, especialmente hacia los cristianos. Quería destruirlos con todas mis ganas. Satanás me había ofrecido su poder en un anzuelo, y yo lo había mordido, pensando que obtendría lo mejor que cualquiera podría poseer. Pero en realidad yo no poseía nada: Satanás me poseía a mí, y no tenía intención de soltarme. Yo pensaba que su mano me protegía, pero en realidad me agarraba fuerte para que no me escapara. ¡Cómo deseaba encontrar la llave de los grilletes invisibles que tenía en los pies y las manos! ¡Cuánto deseaba ser libre!

A pesar de toda la bondad y la amabilidad que reinaba en la iglesia, seguí acudiendo a las reuniones de mi círculo más íntimo dentro del espiritismo durante la semana. Era lo que ansiaba. A los demás no les importaba que yo asistiera a un lugar de culto distinto al suyo. De hecho, ni siquiera se sentían ofendidos. Sabían que no les traicionaría ni a ellos ni a ningún demonio de la religión. Sabían que seguiría siéndoles fiel a ellos. Pero a pesar de todo, me sentía atraído a ir a la iglesia de vez en cuando. Me encontraba entre dos mundos —el de la luz y el de la oscuridad.

El llamamiento de la verdad

Muchas noches, a solas en mi apartamento con mi hija, seguía luchando con la pena que me producía el extraño peso que sentía sobre mí, que hacía que mis ojos se llenaran de lágrimas. Intentaba contener aquel torbellino de emociones porque no quería que Amanda me viera llorar. ¿Qué clase de hombre era? ¿Había hecho algo en mi vida por lo que mi hija Amanda se pudiera sentir orgullosa de mí algún día? Para lo único que servía era para beber alcohol, para perseguir a las mujeres y para practicar la brujería.

Si fuera Amanda quien tuviese lágrimas en los ojos, yo habría corrido hacia ella y la habría confortado rodeándola con mis brazos. ¿Pero quién podía confortarme a mí? En ese momento me sentí impulsado a llamar a una señora mayor de la iglesia que era como una abuela para todos. Y la llamé. Afortunadamente, vivía sólo a unas pocas cuadras de mi casa. Esperé hasta que descolgó el teléfono. Estaba desesperado por hablar con alguien, con quien fuera, pero deseaba que fuese ella porque era una piadosa mujer de Dios.

Por fin escuché su voz y me pareció como un rayo de luz. Le dio mucha alegría saber que era yo.

—Por favor, llévame al Señor —le rogué—. Quiero orar para liberarme de este dolor.

—Será un placer, John —respondió.

Me invitó a ir a su casa, así que salí corriendo con Amanda tan pronto como colgué el teléfono. Iba en la dirección equivocada y no quería admitirlo. Andaba perdido, como mi alma, y el infierno estaba a punto de abrirse ante mí. Ya había ido a la casa de aquella señora una vez. ¿Cómo es que ahora no la encontraba?

Era tarde y ya había oscurecido. Amanda y yo, tomados de la mano, corríamos por las calles iluminadas mientras yo buscaba un teléfono público.

—Papi, ¿estás bien? ¿Por qué corremos? —preguntó.

—Todo va a ir bien, Amanda. Mis ojos seguían buscando un teléfono. —¿Confías en mí? Yo confío en ti.

—Sí, papi.

—¿Me quieres? Yo te quiero a ti.

—Sí, papi, te quiero.

—De acuerdo. Todo va a ir bien.

Felizmente, encontré un teléfono, puse una moneda en la ranura y marqué el número. Me temblaban las manos y la respiración se me entrecortaba. Esperé el tono con impaciencia. Se dice que los hombres nunca preguntan cómo se llega a los sitios, pero yo estaba desesperado. De repente escuché la moneda caer y me di cuenta de que había perdido 25 centavos y la llamada, así que corrí hacia otro teléfono y volví a poner otra moneda. Pasó lo mismo. Colgué con fuerza. Tenía cada vez más ganas de llorar. Alguien estaba haciendo que me resultara difícil encontrar la dirección —encontrar la verdad. Empecé a pensar en volver a casa, pero la voz que me había hablado en la sala de mi casa no me dejaba. *No te rindas*, decía. Así que seguí adelante con determinación.

Por fin encontré el edificio. En nada de tiempo me encontré en la sala de la anciana, sentado en el sofá con Amanda a mi lado. Quería que se orara por ella también.

La señora dijo:

—John, levántate y dame la mano. Voy a orar por ti y por Amanda. Jesús quiere ser el Señor de tu vida. ¿Es eso lo que tú quieres?

—Sí, eso es lo que quiero —manifesté mientras que un mar de lágrimas se me agolpaba en los ojos.

Algunas personas de su familia me rodearon y empezaron a orar por mí. Me sentía en paz, pero al mismo tiempo era consciente de que los demonios que me torturaban no estaban muy lejos, acechándome. Mientras aquellas personas intercedían por mí, me vi a mí mismo cuando tenía nueve años. Me había bajado del autobús en la calle Fordham y me dirigía a casa cuando me encontré con una reunión evangélica callejera. Estaban dando su testimonio y repartiendo folletos. Un alma caritativa me preguntó si yo necesitaba oración y yo dije que sí. ¡Qué gozo sentí en el corazón! Pero como no tenía a nadie que dirigiera mi vida o que me llevara a la iglesia, otra cosa se encargó de encaminarme. O mejor dicho, de desencaminarme.

Aquellas personas oraron por mí, y yo repetí las palabras con la boca, pero no con el corazón. No podía llegar a la completa sumisión, aceptando a Jesús como Señor y Salvador, sabiendo que había firmado un contrato con el diablo y sus demonios hacía veinticinco años. Esa noche regresé a casa con mi hija, intentando entender todo lo que había pasado. Tenía muchas preguntas sin respuesta.

Cuando volví a ver a la señora en la iglesia, me aconsejó que renunciara por completo a la brujería y que me deshiciera de toda la parafernalia que había en mi apartamento. Lo que ella no sabía era que no me había rendido por completo a Dios de corazón porque temía que los miembros del espiritismo, la Santería y el Palo me tacharan de traidor, y estaba seguro de que pondrían un contrato de muerte sobre mí tan pronto como averiguaran lo que sentía.

Para honrar el compromiso que había adquirido con el lado oscuro hacía tanto tiempo, guardé el mayor secreto que había tenido jamás: que me estaba enamorando de Jesús. Pero no podía engañar a los que conocían mi historia personal desde que tenía diez años. No importaba que llevara una Biblia ni que fuera a la iglesia. Para ellos yo seguía siendo el hombre del diablo. ¡Y qué razón tenían! Aunque había cristianos orando por mí, seguía involucrado en el mundo de la brujería.

Capítulo 14

Poseído en la iglesia

Un domingo decidí volver a la Iglesia Grace and Mercy, en la esquina de la Calle 170 con la Avenida Jerome. Volví porque era consciente de que la noche en que fui a casa de la anciana y oré con ella, no le había respondido a Dios para comprometerme con Él, sino para que Él me protegiera de los demonios que yo sabía que me acosarían como cazadores de recompensas. Pasé por la espaciosa entrada y llegué al gimnasio, donde se celebraban los servicios.

Habría unas doscientas personas en la iglesia ese día. Cuando empezó el servicio, escuché una voz que me decía al oído: *¿Qué haces aquí?* Me giré para ver quién era, pero sólo vi a las personas que me rodeaban, que acompañaban con sus palmadas y movimientos el ritmo de las guitarras y las voces armoniosas que se elevaban para alabar a Dios.

Decidí ignorar lo que había oído y comencé a participar en lo que hacían los demás, pero no pude disfrutar mucho rato. Unos minutos después, la misma voz me habló más fuerte. *¿QUÉ HACES AQUÍ?* repitió. Un escalofrío me recorrió el cuerpo como si por las venas me fluyera agua congelada. Venían por mí. Una multitud de ellos en la casa de Dios. Algo que me resultaba muy familiar se apoderó de mí. Entró en mi cuerpo y se atrincheró en mi interior, seguido por otro, y otro más, hasta que comprendí con horror que estaba siendo atacado por espíritus demoníacos; era una invasión de la peor especie: querían poseer mi alma. Empecé a sentirme físicamente enfermo y me dejé caer en el asiento esperando que nadie se diera cuenta de la transformación que se estaba produciendo. Intenté luchar, pero sólo escuchaba la misma voz: *Este no es tu sitio. ¡Nos perteneces a nosotros!*

En ese momento el pastor tomó el micrófono, detuvo la alabanza y se dirigió a la congregación.

—Amados, siento urgentemente de parte del Espíritu Santo que debo hacer una llamada al altar ahora mismo para aquellos que lo necesiten, así que, por favor, pasen al frente; el altar está abierto.

Miré alrededor y vi que muchas personas dejaban su asiento y se acercaban al altar para que se orase por ellos. Sentí el repentino impulso de correr hacia el altar, de escapar de las cosas que me perseguían, pero en lo más profundo de mi ser sabía que lo único que quería era quitarme de encima los demonios, no que orasen por mí. Aun así, pasé al frente junto con los demás.

El pastor iba avanzando, orando individualmente por cada uno de los que estábamos en el altar. Yo era el penúltimo en la larga fila de creyentes; esperaba que para cuando llegara el momento de que orasen por mí, los demonios se hubieran ido y poder volver a mi asiento sin incidentes. Cuanto más corta se hacía la fila y más se acercaba el pastor, mejor distinguía los detalles de su cara: tenía los ojos marrones, un espeso bigote, y las sienes canosas. De repente se me paralizaron las piernas y no podía moverme. Estaba allá, parado delante del pastor, temblando por los demonios que batallaban en mi interior. Por primera vez en veinticinco años no tenía control sobre los demonios que estaban dentro de mí, sino que ellos me controlaban a mí.

El pastor se inclinó hacia mí y me susurró:

—John, ¿quieres que ore por ti?

Lo miré a los ojos y le lancé una mirada feroz.

—No, váyase al infierno.

Él me miró estupefacto y me dijo:

—Estoy aquí por ti.

En ese momento el pastor se dio cuenta de que no era yo el que se enfrentaba a él, sino el diablo mismo. Una ira que no había sentido nunca antes se agitaba dentro de mí como si se tratara de un volcán en erupción, y antes de darme cuenta, estaba escupiendo blasfemias con una voz que no era la mía. Estaba poseído. —*No te atrevas a tocarlo, hijo de…*

De pronto mis manos parecían acero soldado. Agarré al pastor por el cuello y en cuestión de segundos, con la tremenda fuerza que me recorría el cuerpo, lo levanté del piso mientras él, sacudiendo las piernas y con los ojos fuera de sus órbitas, abría la boca intentando respirar. Unas manos me agarraron por detrás intentando que soltara al pastor. En el altar estalló la guerra entre el bien y el mal. Sería un placer matarlo. Nunca antes había estado poseído de aquella manera; me producía una emoción increíble.

Unos doce o quince hombres saltaron de sus asientos en auxilio del pastor. Forcejeaban contra mí desde todos los ángulos, pero salían volando como muñecas de trapo por todo el santuario.

Para mi disgusto, sentí el impulso de salir corriendo del edificio. Llegué hasta la puerta con la intención de volar por las calles en el estado en que estaba. Pero algo mayor que yo —mayor que los demonios— no me lo permitió.

Regresé al altar para rematarlo. Un gran grupo de hombres se abalanzó sobre mí por detrás intentando sujetarme.

—¡Joe, por este lado!

—¡Robert! ¡Steve! Vengan al frente ahora, necesitamos ayuda.

Me estaba tambaleando cuando sentí que un individuo se me subía a la espalda, y luego otro, y otro más. Entre tantos hombres que me agarraban, conseguí recuperar el equilibrio y empecé a moverlos a todos de un lado a otro del altar con fuerza hercúlea. Volviendo sobre mis pasos, lancé a uno de ellos al piso, y otros cayeron cuando me solté los brazos. Uno salió despedido de mi espalda como si hubiera estado montado en un semental salvaje en un rodeo, y otro salió rodando cuando me agarró del cuello. El poder era excitante.

Con todo esto, había soltado al pastor, pero me lancé por él de nuevo. Sin embargo, esta vez alguien o algo se interpuso entre los dos, un poder mayor que el que estaba dentro de mí. Una vez más fui placado por los hombres, pero me levanté con facilidad, barriendo a hombres mucho más pesados que yo sin esfuerzo.

Aquellos hombres tan fuertes salieron rodando como si nada, y otra persona se acercó —Ray, el antiguo miembro de mi grupo de brujos. Sin embargo, él no intentó agarrarme. Él sólo me abrazó y me dijo:

—John, John, di estas palabras: *¡Jesús es Señor!* Repite estas palabras, John: *¡Jesús es Señor!* Repítelas conmigo.

Intenté hablar, pero mis labios estaban sellados como si alguien los hubiera cosido con hilo y aguja.

Quitándome gente de encima, la lucha me llevó a contemplar algo asombroso: la congregación, una muralla de personas —santos de Dios— unidos en oración, intercediendo por mí y librando una batalla espiritual contra una hueste de demonios. Cada una de las manos levantadas en aquel lugar hacía que me debilitara. La lucha del altar finalizó cuando de mi boca salieron las palabras:

—¡Jesús es Señor!

Algo salió de mí, y me sentí como desinflado. Los hombres seguían sujetándome, pero ya no con el forcejeo de antes. La fuerza opositora había desaparecido, y lo que quedaba eran las voces de los hombres y las mujeres de la congregación. Unos lloraban, otros se gozaban, otros hablaban en una lengua que yo no entendía.

Estaba despeinado, desaliñado y empapado en sudor debido a la lucha física, así que fui al baño seguido de Ray, un ujier llamado Tony y otro caballero, quienes querían asegurarse de que me encontraba bien. Me incliné sobre el lavabo, abrí el grifo, y me eché agua en la cara. Las gotas fueron cayendo de las cejas a la nariz y de allá a la barbilla. Estaba convencido de que iban a hacerme un montón de preguntas, pero, para mi sorpresa, los tres se quedaron callados. Lo que querían saber lo averiguarían más tarde.

El infierno vuelve a la iglesia

El domingo siguiente fui a la iglesia como ya era mi costumbre, pero un poco avergonzado por lo que había pasado la semana antes. Durante toda la semana había sentido la ira de los demonios hacia mí, pero también había probado la bondad de Jesús, y por primera vez reconocía de manera irrefutable y con un miedo estremecedor la situación tan desastrosa en la que me encontraba.

Me alegré de que nadie mencionara el fiasco del altar en la escuela bíblica. Precisamente eso me ayudó a entender el amor de Jesús en los demás. Cuando comenzó el servicio, me senté y disfruté de la presencia de Dios mientras los músicos lo alababan con sus voces. ¡Qué buen día para estar vivo!

Cuando terminó la música, todo el mundo se sentó y el pastor auxiliar se acercó al podio. Pero antes de que pronunciara una sola palabra, empecé a sentir la misma rabia y malestar otra vez. Algo se removía detrás, dentro y alrededor de mí, y salí corriendo hacia el altar en busca de ayuda.

Cuando el pastor empezó el mensaje, unas manos lo agarraron del cuello —mis manos. De manera inmediata, todos los hombres capaces de la congregación saltaron de sus asientos en una loca carrera por proteger a su pastor, por separarme de él. Se estaba repitiendo la misma escena. En medio del alboroto, el pastor auxiliar intentó orar por mí, pero yo estaba demasiado ocupado lanzando hombres de un lado a otro.

Me quitaba a los ujieres de la espalda sin esfuerzo. Eso no era lo que yo había ido a hacer, pero los demonios habían vuelto a poseerme y buscaban venganza. Tenían total control sobre mí. Aquel día, el infierno estuvo en la iglesia.

Me entró un miedo que no había sentido nunca al darme cuenta de que Satanás no tenía intención de soltarme. Él quería que siguiera siendo suyo para siempre, me gustase o no, estuviera dispuesto a servirle o no. En ese momento clamé a Jesús, pero no con la voz —mis labios estaban sellados de nuevo—, sino con el corazón, el lugar donde sólo Dios nos oye.

Una muralla de hombres intentaba alejarme del altar y de las personas que habían ido a la iglesia ese día sacándome del santuario, pero una energía abrasadora me invadió y algunas personas más cayeron dando vueltas. Poco después, las oraciones de intercesión de los presentes empezaron a tener efecto, y fui llevado al gimnasio, sometido por aquel grupo de hombres empeñados en mi liberación. Llamaban a este tipo de oración "guerra espiritual".

Una legión de espíritus demoníacos salió de mí como el aire de un globo, y cuando todo había vuelto a la calma, alguien me trajo una silla y yo caí desplomado en ella. El pastor se acercó.

—John, ¿cómo te encuentras? ¿Estás bien? No te preocupes, todo va a salir bien.

¿Qué podía decirle? ¿Cómo podía explicarle que no había sido yo? Eran ellos, mis supuestos amigos del lado oscuro que venían a reclamarme. Yo esperaba que me asaltaran a preguntas, pero lo que recibí fue una oleada del amor de Jesús, una muralla que evitaría que hiciera más daño ese día. ¡Me sentía tan humillado, tan avergonzado por mi comportamiento! Pero no lo podía evitar. ¿Qué pensarían esas personas de mí? Una cosa estaba clara: Si no rescindía el contrato, era evidente que los demonios volverían buscando su recompensa. La pregunta era cuándo.

Para mi propia sorpresa, volví a la iglesia el domingo siguiente una vez más, buscando respuestas para la conmoción que había creado dos semanas seguidas. Pero en mi vida había sucedido algo positivo; de no ser así, aquel día habría ido a un servicio demoníaco en la otra iglesia a la que pertenecía.

Al final del servicio, los hombres de la iglesia se acercaron a mí todos juntos, pero no era para sujetarme, sino para darme un regalo. Tony, el que me había acompañado al baño después del primer incidente, me lo entregó y me dijo:

—El Señor ha puesto en nuestro corazón que te bendigamos con la sudadera de la congregación.

¡Qué sensación más agradable experimenté! Los hombres de la iglesia me consideraban uno de ellos. Tuve que contener las lágrimas ante la gran emoción de sentirme aceptado. La sudadera tenía el logotipo de la iglesia. Tenía mi nombre bordado en la parte de delante, y en la de detrás aparecía curvada la palabra "Guerreros" sobre un casco romano y una espada de gladiador. Me explicaron que era un texto de la Biblia —Efesios 6.17: *Y tomad el yelmo de la salvación, y la espada del Espíritu, que es la palabra de Dios.* El mensaje estaba claro: Si me ponía el casco y blandía la espada en la dirección correcta, podría resistir los ataques del diablo y sus demonios.

¿Cómo era posible que personas que no me conocían me demostraran esa clase de amor, siendo conscientes de que yo no era uno de ellos, sino un seguidor del diablo?

Capítulo 15

Jesús me lleva al infierno

Durante las semanas siguientes se apoderó de mí una fuerte sensación de desconcierto. Estaba a punto de volverme loco. ¿Quién era mi dueño? Mientras continuase siendo arrastrado por el diablo y atraído por la luz, no cesaría la lucha. Sabía que tenía que deshacerme de todo lo que hubiera en mi apartamento que me mantuviese atado a la religión y a sus demonios.

Dando vueltas por el apartamento, de habitación en habitación, le hice frente al caldero que tenía en el armario y a los símbolos demoníacos pintados en las paredes. Miré fijamente el interior del caldero, consciente de lo que había en él: huesos humanos y sangre seca proveniente de los muchos animales sacrificados. Eché un vistazo al otro lado de la habitación, a la esquina, donde había una estatua de un jefe indio. La miré fijamente y por un momento me pareció que sus ojos de cerámica cobraban vida y ardían con un fuego malvado, llenos de odio hacia mí. En mi interior crecía la tensión acumulada durante tantos años. Yo había sido fiel a los espíritus. Aunque en el ambiente se respiraba la traición, fui invadido por el extraño poder del compromiso que había hecho años atrás. Mientras estuviera en ese estado de mente entre la risa y el llanto, el diablo me tenía como quería: confuso.

Nada podía aclarar mis pensamientos: ni el ardiente sabor del alcohol, ni el consejo de amigos borrachos en los bares. Y nada podía llenar el vacío de mi corazón: ni las tenues luces de los clubs nocturnos con su música a todo volumen, ni las seductoras mujeres que se echaban en mis brazos. Ya nada funcionaba. Todavía amaba la religión y me sentía comprometido con ella. Llevaba veinticinco años viviendo en ese mundo, así que era como un matrimonio, y ahora sentía que estaba llegando a su fin. Me debatía entre dos mundos. Aquella noche, antes de acostarme, me sentía agotado espiritualmente. No tenía ni fuerza física ni dirección. Me encontraba tan vacío que llegué a pensar en acabar con todo. Entré en mi habitación, apagué las luces, me senté en la cama y empecé a hablar con Dios en voz alta.

—Déjame en paz —clamé con un profundo suspiro—. Yo estaba bien como estaba, pero entonces apareciste Tú. Mi vida era perfecta hasta que llegaste Tú. ¿Por qué tuviste que estropearlo todo? No quiero servirte a Ti; ya lo he decidido. No creo en Ti. Si no me demuestras que eres más poderoso que el diablo a quien sirvo, me quedo en la religión. No voy a poner mi confianza en un nombre. Para mí eres sólo un nombre más.

Me acosté. Los ojos me pesaban y estaba a punto de quedarme dormido, pero pronuncié unas últimas palabras como en un susurro:

—Si eres más poderoso que la brujería, demuéstramelo; si no, déjame en paz.

Viaje al abismo

Esa noche Dios me hizo dormir profundamente y tuve un sueño. Me vi en el metro, en un vagón lleno de gente, con dirección al infierno. El tren viajaba a una velocidad increíble, inimaginable. Los viajeros parecían exhaustos y confusos, y yo sentía que no podía respirar. Encontré un lugar donde agarrarme. Tenía delante a una joven elegantemente vestida que me miraba a los ojos. Por el traje que llevaba parecía una mujer de negocios. Su preciosa sonrisa acentuaba aún más su bello rostro. Era muy atractiva. Movió los labios para decirme algo.

—Me voy al infierno, y voy a llevarte conmigo —exclamó en una lengua diabólica.

El miedo se apoderó de mí mientras la joven me agarraba del brazo. Tenía la fuerza de un hombre. Yo tiré con tanto ímpetu que me desperté. Escudriñé todos los rincones de la habitación intentando esconderme de mi atractiva perseguidora de voz demoníaca, pero al momento me vi en otro escenario surrealista.

Esta vez me encontraba en una plataforma elevada, mirando las vías del metro allá abajo. A mi lado vi a un primo mío, adorador del diablo.

—¿Cómo me bajo de acá? —le pregunté.

—Si quieres llegar hasta el andén, tendrás que deslizarte por esa cuerda —contestó señalando una larga soga que llegaba hasta los raíles. —O puedes ir por el túnel hasta que llegues a la calle.

Quería encontrar el camino de vuelta a casa, pero la cuerda parecía peligrosa, así que opté por la oscuridad del largo, ominoso túnel. El túnel era más estrecho de lo que yo pensaba, más negro de lo que me imaginaba. Sabía que no me hallaba en un túnel corriente, sino en uno de los túneles del infierno. ¿Cuánto tiempo tendría que pasar allá, ahogado por el miedo? Cuanto más me adentraba en el túnel, más inquieto me sentía, más miedo tenía. No era como ningún miedo que hubiese sentido en la tierra. El túnel desprendía calor; era como si estuviera avanzando hacia la boca de un dragón. A cada paso que daba, mis pies se hundían en una superficie blanda que me resultaba familiar. De repente, el mismo diablo apareció delante de mí. Medía más de 12 pies y tenía unos rasgos horripilantes y unos profundos ojos rojos. Tenía las alas manchadas y sucias.

Le salía calor por la boca al hablar.

—Te lo di todo: riqueza, mujeres y poder —dijo con una voz profunda, que retumbaba—. La gente te teme gracias a mí. Yo he sido como un padre para ti, ¿y ahora quieres tirarlo todo por la borda? ¿No sabes que nunca podrás librarte de mí?

Lo miré a esos ojos de fuego, y lo que vi me llevó a querer salir corriendo en la dirección de la que había venido, pero mis pies parecían estar metidos en cemento y no podía moverme. Quería gritar, pero no podía.

—Si no me sirves —continuó—, tendré que destruirte.

Intentó agarrarme, pero me eché hacia atrás.

—¡Qué necio! —dijo riéndose—. No puedes escapar. Me perteneces.

Cuando iba a agarrarme de nuevo, algo apareció en mi mano, algo que miré asombrado. Era una cruz que medía tres pies. Cuando el diablo iba a echarme mano, le puse la cruz encima y perdió toda su fuerza y su poder, y cayó de rodillas. Conmocionado por lo que había sucedido, salí corriendo por el túnel lo más rápido posible. Cuando llegué al final, me entró el mismo miedo de antes, sólo que esta vez era mucho peor. El diablo apareció por segunda vez, más enojado que antes, hablando en lenguas demoníacas, diciéndome que iba a destruirme.

—¡No tengo intención de dejarte! —grité. Me temblaba todo el cuerpo.

Él me señaló con el dedo.

—¡Mentira! —exclamó a gritos.

—No, no —me defendí—. ¡Sólo estoy confuso! Ten paciencia conmigo. Todo volverá a ser como antes.

—No —exclamó de nuevo, y su voz resonó por el túnel—. Voy a dejarte acá en el infierno, conmigo, para que no se despierte tu cuerpo en la tierra. Te darán por muerto.

Cuando vi que no tenía escapatoria, me bajé la camiseta para enseñarle las cicatrices que tenía en el pecho.

—Usaré éstas para destruirte —le amenacé.

El diablo se rió de mí.

—Necio. Yo te di esas cicatrices.

Las cicatrices eran una prueba física del poder que adquirí al firmar el contrato la noche que vendí mi alma. Lo que le había dicho lo puso aún más furioso. Intentó agarrarme de nuevo, con una furia aún mayor. La cruz apareció en mi mano derecha por segunda vez, entre él y yo. Se la puse encima y la fuerza salió de su cuerpo, y cayó de rodillas.

En ese momento me desperté. Me incorporé en la cama, rígido, con los ojos bien abiertos, temblando y con un sudor frío. Miré por la habitación, intentando ordenar mis pensamientos. De pronto comprendí que era un sueño que Dios había usado para enseñarme que Él era más grande y más poderoso que cualquier demonio que hubiera servido durante veinticinco años en la brujería.

—Oh, Dios mío —dije con voz temblorosa—. Tú eres real, y me amas. A pesar de todo lo que he dicho contra Ti, a pesar de haberme burlado y reído de Ti en Tu iglesia, de haber ridiculizado a los cristianos, de haber intentado quebrantar su fe y reclutarlos para el lado oscuro —a pesar de todo eso, Tú me amas. Jesús, te entrego mi vida. Te serviré a Ti en vez de a los demonios y Tú serás el Señor de mi vida. Tú eres el verdadero Dios.

Tomé un papel, anoté la fecha, en el año 1999, y escribí un voto al Señor de que le serviría y me rendiría completamente a Su voluntad el resto de mi vida.

Jesucristo me había librado de la brujería y nunca volvería a ella.

Capítulo 16

Empieza la verdadera batalla

Lleno de nuevo gozo, durante los días siguientes le dije a mucha gente que me había convertido al cristianismo. Había nacido de nuevo. Rachael había decidido que debíamos separarnos porque quería salir con otras personas, así que mi vida con Jesús tendría que seguir adelante sin ella.

Una tarde iba caminando por la Avenida Metropolitan. Soplaba una suave brisa otoñal y el cielo lucía azul. Al llegar a la altura de la calle McGraw, me encontré con mi viejo amigo Big John. La expresión de su rostro indicaba que se alegraba mucho de verme.

—¡John, John! —exclamó cuando chocamos las manos—. Tengo una buena noticia para ti. Llevo tiempo queriendo verte.

—¿Qué tal, Big? Dime.

—Conozco a alguien que está dispuesto a pagarte más de 10.000 dólares por un trabajo de brujería. Le he dicho que tú eres el mejor que hay.

Le respondí con una sonrisa:

—Big John, yo tengo una noticia aún mejor.

Él también sonrió.

—¿De qué se trata?

—He nacido de nuevo —le contesté—. Ahora soy cristiano, y sirvo a Jesús.

A Big se le cambió la cara. Estaba muy sorprendido.

—¡No, John, no! Estás jugando conmigo. ¿Cómo es posible? Estás de broma.

—No, Big. Es verdad.

—Pero no puede ser —dijo, sin poder dar crédito a lo que oía.

En ese momento vi a mi madre que se acercaba a sus espaldas.

—Mira, allá viene mi madre. Pregúntale.

Con la voz entrecortada, Big se volvió hacia mi madre.

—¿Es verdad que John es cristiano?

—Totalmente cierto —respondió ella.

Big John me miró fijamente durante unos instantes sin decir nada, y luego se dio la vuelta y se alejó caminando, abatido por saber que yo ya no era el mismo de antes.

Yo pensé que se alegraría por mí, pero lamentablemente parece que no fue así.

Visitas nocturnas

Esa noche empezó como cualquier otra noche. Me fui a casa y hablé con Dios antes de acostarme. Después de apagar la luz de la mesita de noche, me cubrí bien con las cobijas y me dormí.

Poco después de la medianoche me desperté sobresaltado. ¿Qué me había despertado? Lo supe al instante. Había una presencia maligna sentada junto a mí en la cama. Me quedé quieto mientras intentaba percibir qué era. La habitación se había vuelto tan fría como un refrigerador, y en ella se notaba el peso de una presencia extraña. Esta presencia era tan densa que casi se podía palpar. Se me hizo un nudo en el estómago y se me erizó el pelo de todo el cuerpo.

En el momento en que empecé a orar, unas manos invisibles me agarraron firmemente del cuello y sentí que me levantaban en el aire. Jadeando, intenté deshacerme de aquella cosa, pero no conseguí soltarme. Como no podía hablar, clamé a Jesús en mi mente: *¡Ayúdame, Jesús! ¡Ayúdame, Jesús! ¡Ayúdame!*

De pronto las manos que me agarraban del cuello me soltaron, caí en el colchón y la habitación volvió a la normalidad. Apenas pude dormir esa noche sabiendo que podrían regresar en cualquier momento.

Al día siguiente, sentado en un restaurante para desayunar, intentaba entender lo que había pasado la noche antes. Abrí la Biblia por el evangelio de Juan y empecé a leer sobre la vida de Jesús para ganar fuerza espiritual.

—Jesús —oré—, toma el control de mi vida, y ayúdame a luchar contra todos estos espíritus malignos a los que renuncié y dejé atrás para servirte. En Tu precioso nombre. Amén.

Recordé las numerosas historias que había oído en el ocultismo sobre aquellos que abandonaban la religión o la traicionaban y luego tenían que pagar el precio. Pensé que había llegado mi hora. Los brujos y brujas del espiritismo, la Santería y el Palo me querían muerto. La batalla acababa de empezar.

Esa noche, al acostarme, oré para que no volviera a repetirse lo que había sucedido la noche antes. Finalmente, me obligué a dormir, y en mitad de la noche la habitación se puso fría de nuevo y sentí una presencia que estaba sentada al otro lado de la cama. Aquella cosa decidió recostarse a mi lado y el colchón se hundió bajo su peso. Era tan real que no podía darme la vuelta, pero sabía que tendría que enfrentarme a aquello aunque no supiera cuál sería el resultado y a pesar de estar paralizado por el miedo. La situación se prolongó toda la noche y se repitió durante varias noches seguidas.

Otras noches la cama se movía tanto que parecía que se levantaba del piso. Quería gritar en la oscuridad, pero no me salía la voz. Los demonios que eran enviados para atormentarme intentaban separar mi mente de mi espíritu. Me sentía como si estuvieran intentando arrancarme el alma. Aquellas noches eran puro mal. Sabía que los espíritus venían repetidamente para acabar conmigo. Para ellos, yo era un traidor, pero para Jesucristo era un hijo. Oré con todas mis fuerzas para que mi Salvador me rescatara de la negra noche de mi alma —de la angustia, el sufrimiento y el tormento que parecían no tener fin.

Me acostumbré a dormir durante el día y a orar por la noche. Bueno, en realidad no sabía orar —era un bebé en la fe y no había aprendido aún a defenderme espiritualmente contra los ataques de los demonios, pero hacía todo lo posible. El insomnio es algo horrible. Tu cuerpo ansía dormir, pero algo —el miedo— se lo impide desde dentro. Por eso pasaba despierto noche tras noche, con el pulso cada vez más acelerado, esperando que vinieran por mí. Y por supuesto venían.

Tras treinta días infernales, por fin una noche acabó todo. La experiencia me dejó lleno de preguntas y dudas. Le pregunté a Dios repetidamente por qué había permitido que los espíritus demoníacos me atormentaran noche tras noche. Entonces no me contestó, pero algún tiempo después recibí una respuesta transformadora. Esa vez, Dios me habló y me dijo:

—Quería ver cuánto me amabas.

Entierro el pasado

El tiempo pasaba y se acercaba el día de mi bautismo por inmersión total en el agua, como había hecho Jesús en el río Jordán. Yo lo esperaba con mucha ilusión. Para mi sorpresa, me sentía aceptado por los hermanos y hermanas de la iglesia, quienes al principio no sabían cómo tratarme debido a mi trasfondo. A algunos les daba miedo acercarse a mí y a otros vergüenza. Pero gracias a Dios, las cosas empezaban a mejorar.

—Oye, John, vas a bautizarte, ¿no? ¿Cómo te sientes? —me preguntó Tony cuando me saludó en la clase de la escuela bíblica.

Sonreí.

—Pues muy bien, deseando que llegue el día. Estoy muy contento de que el Señor Jesús me esté dando la oportunidad de bautizarme.

—Amén, John.

Una señora llamada Evelyn se giró y dijo:

—John, todos hemos estado orando por ti y nos alegra mucho que te vayas a bautizar.

La cariñosa reacción de los miembros de la iglesia me conmovió.

El día antes del bautismo tuvimos nuestra última reunión con el pastor. Nos dijo todo lo que tenía que decirnos y la hora a la que debíamos estar en la iglesia.

—Los bautismos se van a realizar en una iglesia que está en la esquina de la Avenida Prospect con la Calle 168. Sean puntuales. Empezaremos a las 4:30, así que lleguen a eso de las cuatro.

Estaba un poco nervioso; sentía un cosquilleo en el estómago. Estaba contento porque el bautismo era algo totalmente distinto de lo que yo había experimentado en tantas ceremonias durante veinticinco años. A diferencia de las otras, ésta sería buena para mí.

El sábado amaneció un día magnífico y yo salté de la cama, contento y ansioso por llegar a la iglesia. Estaba tan nervioso que puse mis cosas en una bolsa con la muda de ropa para después del bautismo, y salí hacia la Avenida Prospect. Llegué a la iglesia a las tres. Los pastores y las personas que iban a ayudar en la celebración de los bautismos ya estaban allá. Separaron a los hombres de las mujeres, nos pusieron en habitaciones diferentes y nos prepararon para la ceremonia.

Cuando empezó el servicio, escuché al pastor anunciarle a la congregación que iban a comenzar los bautismos. Mi corazón iba a 90 millas por hora. Miré por una rendija de la puerta de la habitación de atrás y vi que el auditorio estaba lleno a rebosar de amigos y familiares reunidos allá para asistir a la ceremonia. Oré rogándole al Espíritu Santo que me calmara los nervios, y luego les pedí a los demás hombres que pasaran primero para tener la oportunidad de tranquilizarme.

Cuando miré a mi alrededor, vi con sorpresa que era el único que quedaba en la habitación. Había llegado el momento. Mientras andaba hacia el bautisterio, toda la congregación se levantó y me ovacionó. Aquello era un verdadero milagro: Dios había sacado del infierno a un adorador del diablo y había hecho que se bautizara en el nombre del Padre, y del Hijo, y del Espíritu Santo. Realmente era un milagro. Sólo Dios podía hacer algo así.

Capítulo 17

"Veo a Cristo en ti"

Me había convertido en una nueva criatura en Cristo, y no volvería a permitir que la ira me llevara a la venganza. Un día, durante un servicio, escuché una voz que me decía: *Deja la iglesia y vuelve con nosotros. Podemos perdonarte y arreglar las cosas.*

Pero me negué a hablar con los demonios como lo había hecho en el pasado. En cambio, oré a Dios en el nombre de Jesús, pidiéndole que luchara por mí. Me imaginé una hueste de ángeles celestiales rodeándome, dándome fuerzas para avanzar en las cosas de Dios: la oración, la adoración y la búsqueda de Su rostro.

Poco después de aquello, salí de la Iglesia Grace and Mercy, pero no para volver al diablo. El Señor me dirigió a otra congregación maravillosa llamada Iglesia Times Square, en el lado oeste de Manhattan. Había sido fundada en 1987 por David Wilkerson, un pastor cuya historia se hizo conocida en todo el mundo cuando le predicó el evangelio de Jesucristo a miembros de las pandillas, o gangas, de Nueva York, especialmente a uno llamado Nicky Cruz. La conversión de Nicky se narra en los libros *La Cruz y el Puñal* y *¡Corre! Nicky ¡Corre!* Fue allá, en la Iglesia Times Square, donde empecé a establecerme, haciendo nuevos amigos y recibiendo clases de discipulado.

Empecé a sentirme como era antes, seguro de mí mismo; el mar de rostros que me rodeaba no me intimidaba. El favor de Dios brillaba en mí como el sol de mediodía, y la soledad que me había consumido durante tanto tiempo por fin se disipó.

Me enfrento al diablo en la Quinta Avenida

Una tarde, al pasar por la Quinta Avenida a la altura de la Calle 57 camino de unos grandes almacenes, me crucé con un miembro de mi antigua secta que no había vuelto a ver desde que me convertí. Era moreno de piel, alto y fornido, y ocupaba el cuarto puesto en rango en la religión. Esperé con paciencia mientras él cruzaba la avenida y se acercaba a saludarme.

—Hola, John, ¿cómo estás? —preguntó, intentando atravesarme con sus oscuros ojos—. ¡Cuánto tiempo sin verte! —añadió.

Él sabía perfectamente que me había convertido al cristianismo y para él era un traidor.

—Estoy muy bien, Will —le respondí.

Cuando nos dimos la mano, fue como si todo lo que nos rodeaba en la Quinta Avenida y la Calle 57 entrara en cámara lenta sin ninguna explicación aparente. Will me miraba fijamente, sin pestañear, y no quería soltarme, pero por fin conseguí apartar mi mano de la suya. En ese momento todo volvió a la normalidad, a la velocidad habitual. Nos quedamos allá, enfrentados espiritual, física, mental y emocionalmente, y él empezó a temblar como si estuviera sufriendo convulsiones. Me preguntaba qué estaba ocurriendo. Como hacía años que no lo veía, en un principio pensé que quizá tendría Parkinson, pero pronto me di cuenta de que, aunque eran las dos de la tarde y nos hallábamos en mitad de la Quinta Avenida, aquel hombre estaba siendo poseído por un demonio. Intentó hablar conmigo, pero los ojos se le pusieron en blanco. Perdió el control sobre sí mismo y ni siquiera sabía lo que estaba ocurriendo. Era como si una fuerza le hubiera golpeado y le hubiera quitado todos sus poderes, y empezó a alejarse de mí. Nos despedimos y seguí caminando por la acera. El Espíritu Santo me dijo claramente:

—Estaba intentando maldecirte, pero yo rompí la maldición.

Alabé a mi Señor Jesucristo y le di las gracias por Su amor y protección.

El funeral de una amiga

Pasaron varios meses, y una tarde estaba en casa de mi madre cuando una vieja amiga de la familia llamada Daisy, una Santera que conocía desde hacía años, vino a hacernos una visita. Estábamos todos sentados en el salón, y yo me volví hacia ella y le pregunté:

—Daisy, ¿cómo te va la vida?

—Mi vida está bien, John —me dijo—. Sirvo a los santos y me va muy bien.

—Daisy, no sirves a ningún santo; en la Santería sirves al diablo y a sus demonios, y el hecho de que yo esté acá no es ninguna casualidad. Dios nos ha reunido a los dos porque Jesús quiere que seas libre.

Por un momento su rostro se quedó sin expresión.

—John, ¿qué estás diciendo? Tú estuviste en la religión más tiempo que yo, y llegaste más lejos de lo que yo podré llegar jamás. Conoces a los santos mejor que yo —San Lázaro, San Ilia, San Martín, y otros muchos— y sabes cómo funciona la religión. ¿Por qué hablas de demonios si sabes que los santos son espíritus protectores enviados por Dios, ángeles custodios que Dios nos manda para ayudarnos en nuestra vida diaria?

Le dije que no con la cabeza.

—Eso no es verdad, es sólo un disfraz. Dios no necesita ayuda. Él es Dios sin que nadie lo ayude. Esa religión es diabólica; está dirigida por Satanás y sus demonios.

Usan esos nombres para disfrazarse y engañar y atraer a la gente. Ellos saben que ésa es la única manera en que podemos identificarnos con ellos. Hubo un tiempo en que yo estaba engañado como lo estás tú ahora. ¿Por qué nunca se mencionó el nombre de Jesucristo en las fiestas a las que asistí durante veinticinco años, o a las que tú vas? ¿No es verdad, Daisy? ¿Alguna vez has oído el nombre de Jesús en las reuniones? Dime.

Daisy me miró fijamente con ojos atribulados.

—No, John, nunca.

—¿Ves? —dije—. Es una farsa. Y otra cosa: cuando vas a una de esas fiestas, las personas que dicen ser médiums son poseídas y beben alcohol, fuman cigarros toda la noche y dicen groserías. ¿Dónde está Jesús en todo eso? Jesucristo es un Dios soberano y un Dios santo.

Veía que Daisy tenía un vacío en el corazón y que no podía ocultarlo. Los ojos se le llenaron de lágrimas e intentó hablar, pero no le salían las palabras.

—Jesús te ama y murió por ti —le dije bajito—. No dejes pasar esta oportunidad.

Con una voz muy triste, me preguntó:

—John, ¿qué debo hacer?

—Renuncia al ocultismo y entrega tu corazón a Jesús —le respondí—. Él te hará libre.

Unos días después, Daisy aceptó a Jesús como su Señor y Salvador, renunció a la Santería y tiró a la basura toda la parafernalia de la brujería. Yo me alegré de recibir la noticia, pero dos semanas más tarde me enteré de que Daisy había pasado a la presencia del Señor. Tenía un cáncer que estaba acabando con su vida, pero no se lo había comunicado a nadie. Decidí acudir a su funeral acompañado de un hermano en la fe.

Cuando estacionamos delante de la funeraria en la Avenida Westchester, crucé la calle y vi a una señora vestida de blanco haciendo guardia en la puerta. Al acercarme, me di cuenta de que era una de las que habían sido mis madrinas en la religión. Cuando pasé por su lado, ni siquiera pestañeó, ni hizo ningún gesto reconociendo que me había visto. Estaba allá parada junto a la puerta, fría como una piedra. Yo sabía lo que estaba haciendo. Yo lo había hecho también durante muchos años. Estaba en la funeraria para robar las almas de los muertos a los que se estaba velando aquella noche.

Dentro de la funeraria vi a mi tía María y a su clan de brujos y brujas. Era como un reencuentro de miembros de la religión, pero esta vez yo estaba con Jesús. Cuando me di la vuelta y la saludé, se le heló la cara.

Su mirada lo decía todo: *Llevamos siete años intentando matarte, pero continúas vivo.*

Yo simplemente sonreí y me abrí paso hasta el ataúd para presentarle mis respetos a Daisy. Mientras volvía a la entrada, muchos de los ocultistas ni me miraban ni me dirigían la palabra. Yo era su enemigo. Parecían nerviosos e incómodos, y no dejaban de moverse. Empecé a orar en silencio preguntándole al Espíritu Santo qué estaba suce-diendo. Su respuesta fue: *¿Qué tiene que ver la oscuridad con la luz?*

Cuando me despedí, el Espíritu Santo me recordó que yo ya no formaba parte de ese mundo. Era como si una pesadilla que hubiera durado veinticinco años se hubiera terminado por fin porque aquél a quien el Hijo hace libre es verdaderamente libre. Esa noche supe en mi corazón que era libre de verdad.

"Veo a Jesús en ti"

El tiempo seguía pasando, y a medida que me iba situando en la Iglesia Times Square, empecé a orar dicién-dole al Señor que quería servir en Su casa; quería parti-cipar en algún ministerio. Le pedí a Dios que me mostrara qué quería que hiciera, y Él me dirigió al ministerio de seguridad. El Señor hizo que fuera bien recibido por uno de los ancianos que estaba a cargo del equipo de segu-ridad. Con el tiempo fui madurando espiritualmente, y tuve la bendición de encargarme de proteger al Pastor David Wilkerson, de recogerlo y acompañarlo a casa por la calles de la ciudad después de los servicios. También me asignaban a Nicky Cruz y su familia cuando iba a predicar a la Iglesia Times Square. Cuento entre mis muchas ben-diciones el honor de haber caminado con el Pastor Dave y el Reverendo Nicky y haber aprendido durante las muchas charlas que tuve con esos hombres de Dios lo que Él había hecho en sus vidas.

Una noche fue diferente a todas las demás; fue muy especial para mí. Era una fresca noche de otoño en que acompañé al Pastor Dave a su casa después del servicio. Por el camino, me quedé mirándolo. Era un hombre elegante, delgado y en buena forma para su edad, y bien vestido. Me gustaba la manera en que se cuidaba. Yo lo consideraba mi padre espiritual y lo admiraba, pero había algo más en él, algo especial: tenía una unción indescriptible. Íbamos caminando juntos, sin decir nada, y cuando estábamos llegando a su casa, se volvió hacia mí. Pudo haber dicho muchas cosas cuando me miró esa noche, pero las palabras que salieron de su boca me conmovieron profundamente. He sido tocado dos veces en mi vida —la primera fue Jesús, mi Señor y Salvador, y la segunda, mi pastor cuando dijo estas palabras que nunca olvidaré:

—Veo a Jesús en ti.

Volví la cara con los ojos anegados en lágrimas y me alejé de allá sintiéndome bendecido en extremo. En el camino de vuelta a la iglesia recordé cómo, cuando era niño, pensé que Dios había pasado de largo por mi lado. Esta vez, desde luego, no fue así.

Epílogo

Me espera una nueva vida

Para concluir, quiero dejar muy claro que los peligros de la brujería, de las cartas del tarot, de la religión y del ocultismo son muy reales. No se puede jugar con nada que esté relacionado con el diablo. Aunque, en mi caso, Dios me liberó, no tenía por qué hacerlo. No me debía nada. Lo hizo simplemente por Su gran amor y misericordia. La salvación es gratis para nosotros, pero fue muy cara para Dios. Le costó la muerte de Su Hijo unigénito, la sangre derramada de un hombre inocente —el Cordero de Dios que quita el pecado del mundo (Juan 1.29).

Cuando era más joven, lo probé todo para intentar llenar el vacío de mi vida: alcohol, mujeres, posición social, dinero, y servicio a un dios que en realidad era el diablo disfrazado. ¿Pero qué podía llenar de verdad el espacio que había en mi corazón? Sólo Dios por medio de Jesucristo, de la misma manera que Su presencia llena el cosmos. Él puede llenar y satisfacer tu vida, como hizo con la mía.

Ahora tengo una vida de paz, gozo y amor incondicional y sé que cuando muera estaré con Él para siempre.

Me gustaría que pensaras en algo: Si hoy fuera tu último día en la tierra, ¿dónde pasarías la eternidad? No hay manera de escapar del tribunal del cielo. Si rechazas al Santo, quien derramó Su sangre al morir en la cruz y sobre el cual Dios derramó Su ira contra todo pecado, tendrás que rendir cuentas en el juicio final. La Biblia dice que está establecido para los hombres que mueran una sola vez, y después de esto el juicio (Hebreos 9.27).

La suma de todas las cosas

El Rey Salomón dice en el libro de Eclesiastés:

La conclusión, cuando todo se ha oído, es ésta: teme a Dios y guarda sus mandamientos, porque esto concierne a toda persona. Porque Dios traerá toda obra a juicio, junto con todo lo oculto, sea bueno o sea malo.
—Eclesiastés 12.13-14

Hoy en día, cuando pienso en mi vida pasada, me doy cuenta, como el Rey Salomón, de que nada tenía sentido. La brujería no aportó nada a mi vida; destruyó mi matrimonio y me robó la relación con mi hija durante sus primeros años de vida. Me llenó de tristeza. Me convirtió en un hombre lleno de odio, orgullo y soledad —un hombre con una vida superficial. Yo estaba más preso que aquellos a quienes maldecía. Pensaba que lo tenía todo, pero en realidad estaba vacío. ¡Vacío de la verdadera vida! Jesús dijo en Juan 10.10: *He venido para que tengan vida, y para que la tengan en abundancia.*

Estoy muy agradecido porque ahora tengo verdadera vida. No siempre ha sido un camino fácil. Mi vida, como la de cualquiera, no está exenta de penas y desilusiones, incluso teniendo a Jesús. Pero ahora tengo algo que supera con creces cualquier día de mi vida anterior: el amor incondicional de Dios. Fui liberado, y no hay milagro mayor que el milagro de la salvación de mi alma.

No sé si tu alma está atrapada en la religión o en cualquier otra secta. Quizás haya ciertas áreas de tu vida que aún no han experimentado la verdadera libertad. Hay un Dios con los brazos abiertos que quiere hacerte totalmente libre. Si Él pudo tomar a un pecador como yo, alguien que maldecía Su nombre, un hombre que sólo conocía la oscuridad, y llevarlo a la luz, entonces hay esperanza para ti. No puedo terminar mi historia sin ofrecerte el regalo precioso que yo recibí de manera totalmente gratuita cuando estaba atado y no sabía cómo salir de la oscuridad. Este regalo es Jesús.

Di esta oración conmigo:

Señor, Te doy gracias por el poder transformador que viene a través de Tu Hijo, Jesús. Yo también quiero experimentar la verdadera libertad y la vida abundante. Hoy me arrepiento de todos mis pecados. Me arrepiento si en algún momento de mi vida le abrí la puerta al ocultismo. Te pido que entres en mi vida ahora y que seas mi Señor y Salvador. Límpiame con Tu sangre, siempre eficaz, y transforma mi vida para siempre. En el nombre de Jesús. Amén.

Yo declaro en este momento para tu vida que todas las cadenas de Satanás se han roto, que la sangre de Jesús derramada en la cruz está limpiando cada una de las áreas de tu ser. Hoy declaro libertad en Cristo Jesús sobre ti. Amén.

John Ramirez

A mi padre

Evidentemente, mi padre y yo nunca pudimos establecer la relación paterno-filial que deberíamos haber tenido. Pero lo perdoné. Mi vida no habría podido ser sanada si no lo hubiera hecho.

Le doy gracias a Dios por cambiar mi corazón y poner Su bálsamo sanador sobre los trozos rotos de mi vida. En un tiempo en que el simple hecho de pensar en las personas que me lastimaban me cortaba la respiración literalmente, descubrí el amor incondicional de Dios, que sobrepasa todo dolor y todo entendimiento. Él me enseñó el verdadero significado del perdón.

El perdón es una elección. Cuando veo cómo Cristo perdonaba a quienes lo herían mientras colgaba de la cruz, se me derrite el corazón. Por eso yo elegí perdonar. Ahora me doy cuenta de que amaba a mi padre. Me pregunto cómo serían las cosas si aún estuviera vivo. Puede que lo vea algún día. Aunque no era salvo, yo no sé si en los últimos instantes de su vida clamó a Dios pidiéndole perdón. El criminal que fue crucificado junto a Jesús logró entrar en el Paraíso gracias a que se arrepintió en el último momento.

Lo que sé es que yo blasfemaba y me burlaba, y de alguna manera Jesús me tendió Su mano. Y algún día sabré si Dios, en Su infinita misericordia, le tendió Su amor a mi padre. *Porque Sus caminos son más altos que nuestros caminos.* Alabado sea Dios.

Te amo, papá, y te extraño. Gracias, Señor, por depositar en mí uno de tus regalos más preciosos —el regalo del perdón.

—John

Desenmascarando la Santería

Etimológicamente, Santería significa "adoración a los santos". La Biblia afirma: *mi pueblo perece por falta de conocimiento*. Por tanto, me veo en la obligación de presentarles toda la verdad, exponiendo y revelando la historia de la Santería (relacionada también con el espiritismo y el Palo Mayombe), una religión que exteriormente profesa ser buena, pero que en realidad es brujería. Desde la mitad del siglo XV hasta el siglo XIX, más de doce millones de africanos fueron sacados a la fuerza de la tierra que amaban, llevados al otro lado del Atlántico y sometidos a las inhumanas condiciones de vida de la esclavitud, liberados tan sólo por la muerte, y así de generación en generación. Lo único que llevaron consigo al marcharse fue la ropa que tenían puesta y la tradición de una religión que era una forma de vida para ellos: el vudú.

Muchos de los esclavos de África Occidental tuvieron que soportar un viaje de tres meses hasta llegar a Cuba. Aquellos esclavos tenían dos cosas en común: sus opresores y el vudú. Para mantener el orden, los amos idearon un plan para imponerles a los esclavos un nuevo sistema de creencias ya que sabían que ellos tenían grandes poderes a través de la magia del vudú. El catolicismo romano vendría a reemplazar las creencias que los nativos africanos habían traído consigo. Pero los esclavos eran muy sagaces y encontraron la manera de permanecer fieles a la religión de su tierra de origen disfrazando los ídolos del vudú de santos católicos. Los devotos del espiritismo, la Santería y el Palo Mayombe no se diferencian de los esclavos que estaban atrapados en esa religión.

Los esclavos africanos usaron a los santos católicos para encubrir sus prácticas maléficas. A través de esta oscura práctica, los esclavos mantuvieron viva la "religión" gracias a los trucos de Satanás. En la actualidad, siglos más tarde, esta misma práctica del vudú ha cambiado de apariencia una vez más, adaptándose a esta generación y cultura y al estilo de vida de la gente de hoy. Se ha convertido en algo corriente. Ningún sacerdote católico te enviaría jamás a un centro espiritista ni a un adivino. Por eso, esta religión continúa disfrazándose a través de santos en las prácticas del espiritismo, la Santería y el Palo Mayombe, y seguirá cambiando para crecer en fuerza y perpetuar sus creencias. Satanás es un maestro del disfraz y no tiene intención de dejar de serlo. Lo que les hizo a millones de personas en el pasado lo sigue haciendo en la actualidad. Su objetivo está claro: cegar espiritualmente a tantas personas como sea posible para impedirles entrar en el glorioso reino de Dios y de Su Hijo Jesucristo.

Las mentiras del enemigo

En la religión participan personas conocidas como médiums. Los médiums les prestan sus cuerpos a los espíritus demoníacos para que hablen y lleven a cabo sus obras a través de un cuerpo físico. ¡Yo fui una de esas personas! Esta religión emplea muchas herramientas para impedir que la gente tenga una relación con Jesucristo. El diablo y sus demonios usan cosas con las que la raza humana puede identificarse fácilmente. Por ejemplo, se dan a sí mismos nombre, fecha y lugar de nacimiento, y una familia. Hacen esto para que la gente encuentre algo que los relacione con ellos, lo que llamamos puntos en común. Sin embargo, todo eso es mentira; los espíritus que se manifiestan a través de los médiums son ángeles caídos sin identidad.

¡Cómo has caído del cielo, oh lucero de la mañana, hijo de la aurora! Has sido derribado por tierra, tú que debilitabas a las naciones. Pero tú dijiste en tu corazón: 'Subiré al cielo, por encima de las estrellas de Dios levantaré mi trono, y me sentaré en el monte de la asamblea, en el extremo norte. Subiré sobre las alturas de las nubes, me haré semejante al Altísimo.' Sin embargo, has sido derribado al Seol, a lo más remoto del abismo.

—Isaías 14.12-15

El diablo y sus demonios nunca dicen la verdad porque la Biblia afirma que el diablo es el padre de toda mentira (Juan 8.44) y miente desde el principio. Pero imaginemos que dijeran la verdad sobre ellos mismos, sobre quiénes son. ¿Alguien querría estar en esa religión llamada espiritismo, Santería o Palo Mayombe? Si alguien te dijera que asesina a gente para ganarse la vida, ¿querrías ser su amigo? Pues involucrarse en esta religión es lo mismo puesto que el diablo y sus demonios son asesinos. Matan el espíritu de las personas, y además su misión es destruir lo que se les pida. Son sicarios espirituales.

En la Santería, el diablo y sus demonios adoptan nombres como Obatala, Yemaya, Ochun y Elegua para identificarse con las personas a quienes quieren atrapar. También usan otros nombres para adoptar los demás aspectos de la religión, que son el espiritismo y el Palo Mayombe, pero son los mismos demonios operando en la esfera espiritual con tres nombres distintos, intentando copiar la soberanía de Dios en la Trinidad: el Padre, el Hijo y el Espíritu Santo. Incluso crean libros con crucifijos o imágenes de Jesús en la portada para hacer creer que esta religión está relacionada con Jesús.

Sin embargo, en los libros de esta religión nunca se menciona el nacimiento virginal de Jesús, o el hecho de que Jesús fuera crucificado por los pecados del mundo. En ellos no aparece ni la resurrección del Señor, ni Su segunda venida, ni el hecho de que Él sea el Salvador del mundo.

Botánicas—el lado oscuro

Muchas personas tienen la costumbre de ir a las botánicas, o tiendas de pociones, pensando que están haciendo compras inocentes de artículos de la llamada magia blanca y estatuas como la Madama, Francisco y Francisca, San Lázaro, Santa Bárbara, Siete Potencias, indios y congos. El Señor dijo en el primer mandamiento, en Éxodo 20.3-6:

No tendrás otros dioses delante de mí. No te harás ídolo, ni semejanza alguna de lo que está arriba en el cielo, ni abajo en la tierra, ni en las aguas debajo de la tierra. No los adorarás ni los servirás; porque yo, el SEÑOR tu Dios, soy Dios celoso, que castigo la iniquidad de los padres sobre los hijos hasta la tercera y cuarta generación de los que me aborrecen, y muestro misericordia a millares, a los que me aman y guardan mis mandamientos.

El espiritismo es un movimiento religioso que tiene que ver con el dinero, el orgullo, la avaricia, la envidia y el deseo de conseguir un cierto estatus. A todos los que estábamos involucrados en él nos convertía en vanagloriosos, y por eso no teníamos respeto por nadie, ni temor de Dios. Cada año, en Semana Santa, nos burlábamos de lo que enseñaba la Biblia. Destruíamos vidas sacrificando animales y lanzando hechizos cada vez que nos apetecía. Y todo esto lo hacíamos sin tener ningún sentimiento de culpa ni cargo de conciencia, y todo en nombre de Dios.

De esa manera el diablo ha engañado a la humanidad. De generación en generación ha impedido que los hombres tengan una relación con Jesucristo. Las personas han caído víctimas de los planes del enemigo y de sus mentiras. Alabado sea Dios, que tiene un plan y una salida para todos a través de Su Hijo, Jesucristo.

Porque de tal manera amó Dios al mundo, que dio a su Hijo unigénito, para que todo aquel que cree en Él, no se pierda, mas tenga vida eterna. —Juan 3.16

Un testimonio de la sublime gracia de Dios

No estaba seguro de querer incluir esta historia como parte de mi testimonio en este libro, pero cuando el Espíritu Santo me habló al corazón, comprendí que Dios quería que todo el mundo, tanto creyentes como incrédulos —especialmente los que atraviesan momentos difíciles o los que se han apartado— supiera de Su sublime gracia.

Recuerdo que un día, cuando aún me dedicaba a la brujería, Dios trajo a mi mente a una pareja que conocía que también pertenecía a la religión. Llevaban muchos años casados, pero el marido se enamoró de una compañera de trabajo. Mantuvieron una relación durante mucho tiempo. La esposa, María, empezó a notar cambios en su matrimonio por el comportamiento de él. Después de algún tiempo, empezó a seguirlo cuando salía de casa. Una vez le hizo frente cuando estaba llamando a la otra mujer desde un teléfono público. Se produjo un gran escándalo en la familia y ella llegó a pensar en divorciarse, pero después tuvo una idea mejor: *¿Por qué perderlo todo dejando que esta mujer se quede con mi marido? En vez de eso, puedo contratar a John Ramirez para que la mate por medio de la brujería y así conservar a mi marido.*

Algún tiempo después recibí una llamada de María, quien llorando me contó lo que había pasado entre ella y su marido, que él le había sido infiel y que me daría lo que yo quisiera si le lanzaba un hechizo a la otra mujer para matarla por medio de la brujería. Yo le pedí que me diera unos días para pensárlo. Le pedí permiso al diablo para destruir a la otra mujer, y él me dijo que sí, que me daría todo el poder que necesitaba para acabar con ella, y me dio una receta salida del propio infierno para hacerlo.

Unos días después, María vino a verme y me preguntó cuánto le cobraría por matar a la otra mujer con mi brujería. Le dije que $10,000 dólares, pero cuando se iba, sucedió algo extraño. Se volvió hacia mí y me dijo:

—A propósito, esta mujer es cristiana.

La paré en seco y le dije:

—Entonces lo hare gratis. Será un placer. Detesto a esos hipócritas. Voy a darle la lección de su vida.

Aunque yo servía al diablo, tenía conocimiento de Dios y de cómo actuaba. Pero también sabía que era mi enemigo, así que estaba decidido a destruir a aquella mujer que se decía cristiana. El hechizo fue lanzado. Yo también conocía al marido de María, así que esperaba que en cualquier momento me dijera que su amante estaba en el lecho de muerte. Él no tenía ni idea de que yo tenía un mandato del diablo para matarla.

Pero pasaron los meses y no me llegó ninguna noticia sobre ella, así que una noche intenté convocar a los demonios asignados para matarla, pero no obtuve ninguna respuesta. Lo único que sabía es que ella seguía yendo a la iglesia de vez en cuando aunque tenía una relación con un hombre casado. Una noche, estando en casa, oí la voz del diablo diciéndome que la misión de matarla había sido abortada. Yo me enfadé muchísimo y me quejé repetidamente.

—¿Por qué tenemos que parar ahora? —pregunté—. En cuestión de días estará muerta. No quiero dejarlo. Mátala. Está en juego mi reputación. Ella debe morir.

El diablo, con fuerte voz, exclamó:

—¡No! Su Dios ha dicho que la dejemos en paz.

Yo no salía de mi asombro. Aunque estaba cometiendo adulterio, a través de Su sublime gracia y del amor de Jesucristo, Dios tuvo misericordia de ella. No había demonio en el infierno, en el espiritismo o en el Palo Mayombe que pudiera acabar con su vida porque Dios había colocado un muro de protección alrededor de ella. Eso era amor de verdad. Ahora que soy salvo entiendo lo increíble que es el amor de Dios, incluso para uno de Sus hijos que no esté andando en obediencia. Hay muchas historias en el Antiguo Testamento como la de David, quien cometió adulterio y asesinato, y aun así Dios tuvo misericordia de él. O la de Moisés, que cometió un asesinato, pero Dios tuvo misericordia de él también. En el Nuevo Testamento leemos de una mujer que fue sorprendida en el acto mismo de adulterio. Aunque muchos querían apedrearla, Jesús, una vez más, tuvo misericordia de ella. No hay otro amor ni otra gracia en el universo mayor que el amor de Jesús. *"Y ahora permanecen la fe, la esperanza y el amor, estos tres; pero el mayor de ellos es el amor"* (1 Corintios 13.13).

Testimonio de Pila: Quiero compartir esto con todos ustedes. Acabo de entrar en contacto con un hermano en Cristo, John, después de muchos años. Lo conocí en 1999, después de su conversión, cuando otra hermana y yo fuimos a verlo. No lo conocíamos, pero habíamos escuchado un poco de su testimonio y queríamos saber más. Así que nos reunimos con él en una pizzería en el Upper East Side cerca de su casa. Tengo que decir que me fascinó el testimonio de la vida que había dejado atrás en el Palo Mayombe, que es el lado más oscuro y mortífero de la religión. Básicamente, él servía a Satanás. Sin embargo, llegó hasta el Señor, lo cual ya es un milagro. Por lo que yo conozco, nadie sale vivo de aquello. Es obvio que Dios puso Su mano sobre él.

Tuve el privilegio de conocer a John en sus comienzos como cristiano. Yo quise animarlo, y recuerdo que le dije que Dios iba a usarlo de manera poderosa y que algún día escribiría un libro. Y por fin se ha publicado. ¡A Dios sea la gloria! ¡Aleluya! ¡Bendito sea su santo nombre!

Testimonio de Lucy: Me llamo Lucy. Viví en Parkchester, en el Bronx, durante once años. Un día de verano mi hija Monique y yo salimos a dar un paseo. Ella estaba esperando su tercer hijo.

Cuando caminábamos por la Avenida Metropolitan, un hombre vestido de blanco de la cabeza a los pies pasó a nuestro lado. Nos fijamos en que llevaba una cruz alrededor del cuello, pero colgada al revés. Mi hija dijo:

—Voy a cruzar al otro lado de la calle. No quiero caminar cerca de ese hombre. Parece malvado.

Yo era joven en la fe, pero dije:

—En el nombre de Jesús, ¿cómo puede alguien llevar una cruz al revés?

Se me erizó la piel e inmediatamente comencé a reclamar el poder de la sangre de Jesús sobre mí y sobre aquel hombre de blanco.

A lo largo de los años, vi a este misterioso hombre vestido de blanco en repetidas ocasiones mientras esperaba el autobús. Cada vez que lo veía oraba por él para que algún día pasara de la oscuridad a la luz.

En septiembre de 2006 me mudé a Orlando, Florida. Allá encontré una iglesia en la que empecé a aprender más y a crecer en mi relación con el Señor. Un día conocí a este misterioso individuo (John Ramirez) ya que él y un amigo suyo viajaron desde Nueva York buscando al pastor de la iglesia de Orlando. Cuando vi a John, el aire malévolo que tenía en Nueva York había desaparecido. Me contó que ya no servía al enemigo, sino que servía al Señor incondicionalmente.

Me alegré mucho por John. Al ver cómo Dios había cambiado su vida de una manera tan maravillosa, empecé a alabarlo y a darle gracias por la transformación del cuerpo, la mente y el espíritu de John. Le doy a Dios toda la gloria y la alabanza.

Testimonio de Norma: Me llamo Norma y conocí a John de la siguiente manera. A principios de los años 90, una hermana en Cristo y yo teníamos la costumbre de reunirnos en un restaurante de la Avenida Parkchester, en el Bronx. Allá solía ver a un joven siempre vestido de blanco de la cabeza a los pies. Yo sabía por su atuendo que era Santero. Su apariencia me impresionaba. Era alto y guapo, y tenía el pelo negro, la piel oliva y los ojos oscuros. Parecía inteligente y, sin embargo, estaba metido en un estilo de vida terrible. Lo primero que pensé fue: *¡Señor, sácalo de esa vida tan horrenda!* Aunque yo no lo conocía, sentía dolor por él en mi corazón, porque Dios sí que lo conocía, y eso era suficiente. Él es el único que puede poner en nuestro corazón esta carga y preocupación por un extraño, y la Palabra dice que debemos orar por las almas perdidas (2ª Pedro 3.9). Cuando lo veía, a veces caminando o cuando estaba en la parada del autobús, sentía escalofríos cada vez que pasaba junto a mí y una especie de temor se apoderaba de mí, pero enseguida reclamaba el poder de la sangre de Cristo sobre mí y contra los espíritus que tenían atado a aquel joven.

Un día que mi amiga y yo estábamos en el restaurante, entró él (John), y yo empecé a orar inmediatamente y extendí mi mano hacia donde estaba él. Mi amiga se asustó y me dijo que parara, que la gente me estaba mirando. Mi respuesta fue:

—Me da igual; esto es más importante. Lo que me preocupa es que se rompan las fortalezas que hay en su vida y que vea la luz de Cristo y tenga un encuentro con Jesús.

Mientras oraba, John se dio la vuelta de repente y miró en nuestra dirección como si alguien o algo le hubiera llamado la atención. Bajé la mano rápidamente, pero terminé mi oración. Después de aquel día pasé un par de años sin verlo. Pensé que se habría mudado. Aun así, seguí orando por él para que encontrara la salvación y la liberación.

¡Y quién lo iba a decir! La mejor amiga de mi hija me había invitado a visitar su iglesia, y un domingo decidí ir y les pedí a mi hermana y a una buena amiga que me acompañaran. Fuimos a la dirección que me habían dado, pero no encontramos la iglesia. Sólo vimos una casa vieja, y no había ningún letrero con el nombre de la iglesia para identificarla. Caminamos de un lado para otro; yo me quedé un poco atrás, y de pronto escuché que un hombre nos ofrecía ayuda y nos preguntaba qué estábamos buscando. Mi hermana le dijo que estábamos buscando la iglesia, y él dijo:

—Pues ya la han encontrado. Vengan, síganme.

Pero yo me quedé paralizada; no podía moverme. *¡Dios mío, éste es el joven de Parkchester! El del vudú. Esto es una trampa de Satanás. Puede que sea un lugar dedicado a la Santería.* Mi amiga y mi hermana me estaban llamando y, aunque estaba asustada, las seguí. Iba detrás por si tenía que salir corriendo, pero entonces vi a Ellie, la amiga de mi hija, y me tranquilicé.

Cuando entré y me senté, le dije a la persona que me había invitado:

—Ese hombre era brujo. ¿Y ha aceptado a Cristo? Oré por él varias veces cuando pasaba por mi lado. Era como si el mismísimo infierno hubiera pasado junto a mí.

Ellie me insistió para que se lo contara, pero le dije que no. El Señor lo sabía, y eso era suficiente, pero Ellie se lo contó. John se acercó a mí y me dio las gracias por mis oraciones y, por supuesto, quería conocer todos los detalles.

¡Agradezco a Dios la salvación y liberación de John!

Certificate of Legal Blindness

New York State Office of Children and Family Services
Commission for the Blind and Visually Handicapped
Capital View Office Park
South Building, Room 201
52 Washington Street
Rensselaer, NY 12144-2796

Verification of Legal Blindness

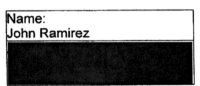

Name:	CBVH Registration No.
John Ramirez	CF# D5707Q

The above named person is registered as legally blind with the Commission for the Blind and Visually Handicapped in accordance with New York State law, Section 8704.

Signature: *Kenneth Gelerman*
Title: Director, Program Evaluation and Support
Date: 10/05/2009

Ésta es una copia del certificado de la Comisión para las Personas Ciegas y con Impedimentos de la Vista del Departamento de Servicios Sociales para la Familia y la Infancia del Estado de Nueva York que confirma que John fue declarado legalmente ciego.

Cosas que Dios aborrece

Los médiums

Levítico 20:27—Si hay médium o espiritista entre ellos, hombre o mujer, ciertamente han de morir.

Levítico 19:31—No os volváis a los médium ni a los espiritistas, ni los busquéis para ser contaminados por ellos. Yo soy el SEÑOR vuestro Dios.

1 Samuel 28.9—He aquí, tú sabes lo que Saúl ha hecho, cómo ha echado de la tierra [matado] a los que son médium y espiritistas.

La brujería

Miqueas 5:12—Exterminaré las hechicerías de tu mano, y no tendrás más adivinos.

1 Samuel 15:23—La rebelión es como pecado de adivinación.

Gálatas 5:20-21—Las obras de la carne son … idolatría, hechicería … los que practican tales cosas no heredarán el reino de Dios.

La magia

Hechos 19:19—Y muchos de los que practicaban la magia, juntando sus libros, los quemaban a la vista de todos.

Apocalipsis 21:8—Pero los cobardes, incrédulos, abominables,   hechiceros [magos, brujos]   tendrán su herencia en el lago que arde con fuego y azufre.

Hechos 8:9-12—Y cierto hombre llamado Simón, hacía tiempo que estaba ejerciendo la magia en la ciudad Le prestaban atención porque por mucho tiempo los había asombrado con sus artes mágicas. Pero cuando creyeron a Felipe, que anunciaba las buenas nuevas del reino de Dios y el nombre de Cristo Jesús, se bautizaban, tanto hombres como mujeres [se arrepintieron y dejaron la brujería].

Isaías 57:3-4—Hijos de hechicera, … ¿no sois vosotros hijos de rebeldía, descendientes de la mentira?

Jeremías 27:9—Vosotros, pues, no escuchéis   a vuestros adivinos.

Apocalipsis 22:15—Afuera están los perros, los hechiceros, y todo el que ama y practica la mentira [fuera de las puertas de la ciudad del cielo].

Que consultemos a los muertos

Deuteronomio 18:10-11—No sea hallado en ti nadie que … practique adivinación, ni hechicería, o sea agorero, o hechicero, o encantador, o médium, o espiritista, ni quien consulte a los muertos.

Isaías 8:19-20—Y cuando os digan: Consultad a los médium y a los adivinos que susurran y murmuran, decid: ¿No debe un pueblo consultar a su Dios? ¿Acaso consultará a los muertos por los vivos? … Si no hablan conforme a esta palabra, es porque no hay para ellos amanecer.

Los sacrificios perversos

Salmos 106:36-37—Y sirvieron a sus ídolos que se convirtieron en lazo para ellos. Sacrificaron a sus hijos y a sus hijas a los demonios.

Los ídolos

Salmos 115:4-8—Los ídolos de ellos son plata y oro, obra de manos de hombre. Tienen boca, y no hablan; tienen ojos, y no ven; tienen oídos, y no oyen; tienen nariz, y no huelen; tienen manos, y no palpan; tienen pies, y no caminan; no emiten sonido alguno con su garganta. Se volverán como ellos, los que los hacen, y todos los que en ellos confían.

Isaías 2:8, 18—También su tierra se ha llenado de ídolos y los ídolos desaparecerán por completo [serán destruidos].

Deuteronomio 12:3—Y demoleréis sus altares, quebraréis sus pilares sagrados, derribaréis las imágenes talladas de sus dioses y borraréis su nombre de aquel lugar.

Jueces 2:17—Con todo [los israelitas] no escucharon a sus jueces, porque se prostituyeron siguiendo a otros dioses, y se postraron ante ellos.

Ezequiel 6:13—Y sabréis que yo soy el SEÑOR, cuando sus muertos estén en medio de sus ídolos.

1 Juan 5:21—Hijitos, guardaos de los ídolos.

Jeremías 2:8—Los que se ocupaban de la ley no me conocieron, los gobernantes se rebelaron contra mí, y los profetas profetizaban por Baal, y andaban tras cosas que no aprovechan.

La astrología

Isaías 47:11, 13—Pero un mal vendrá sobre ti; que se levanten ahora los que contemplan los cielos, los que profetizan por medio de las estrellas, los que pronostican cada luna nueva y te salven de lo que vendrá sobre ti [la ira de Dios].

¿Necesita más ejemplares?

Para pedir copias adicionales de
Fuera del Caldero del Diablo,
póngase en contacto con JohnRamirez.org

También disponible en:
Amazon.com
Barnesandnoble.com

*Llámenos al 917-587-1127 para conseguir descuentos por
encargos de copias múltiples.*

Para invitar a John Ramirez a participar en un congreso o
evento, o en un programa de radio o televisión,
o para cualquier consulta, puede contactar con
John Ramirez Ministries en el
917-587-1127
o en johnramirez.org.

a division of John Ramirez Ministries

CPSIA information can be obtained
at www.ICGtesting.com
Printed in the USA
FFOW03n1401131014

7974FF